U0062857

象棋精妙杀着宝典

吴雁滨 编著

时代出版传媒股份有限公司
安徽科学技术出版社

图书在版编目(CIP)数据

象棋精妙杀着宝典 / 吴雁滨编著. --合肥:安徽科学
技术出版社,2019.1(2023.4重印)
(象棋精妙杀着系列)
ISBN 978-7-5337-7470-7

Ⅰ.①象… Ⅱ.①吴… Ⅲ.①中国象棋-对局(棋类
运动) Ⅳ.①G891.2

中国版本图书馆 CIP 数据核字(2018)第 002783 号

象棋精妙杀着宝典 吴雁滨 编著

出 版 人:丁凌云　　选题策划:倪颖生　　责任编辑:倪颖生　王爱菊
责任印制:梁东兵　　封面设计:吕宜昌
出版发行:安徽科学技术出版社　　　http://www.ahstp.net
(合肥市政务文化新区翡翠路 1118 号出版传媒广场,邮编:230071)
电话:(0551)63533330
印　　制:唐山富达印务有限公司　　电话:(022)69381830
(如发现印装质量问题,影响阅读,请与印刷厂商联系调换)

开本:710×1010　1/16　　印张:15　　　字数:270 千
版次:2023 年 4 月第 2 次印刷

ISBN 978-7-5337-7470-7　　　　　　　定价:58.00 元

前　言

　　象棋定型于北宋,距今一千年左右。千百年来,涌现出不少的妙局名谱,比较著名的残排局有《玉层金鼎图》(南宋文天祥著)与《适情雅趣》(明代徐芝著),清朝以《竹香斋象戏谱》(清代张乔栋著)为代表的四大排局名谱更是将排局推到了顶峰,其难度之高至今鲜有能及。20世纪90年代,《象棋杀着大全》(李德林、刘德斌、刘德祯著)出版,该书内容十分丰富,实用性极强,是一部不可多得的象棋杀着类图书,后来该书荣获"全国优秀畅销书"奖,正是实至名归。当时我正在温州求学,有幸在五马街的新华书店购得一本,回来之后细细揣摩,如醍醐灌顶,从此视如拱璧。今效仿前贤,做该书的姐妹篇《象棋精妙杀着宝典》,以飨广大棋友。

　　本书是一本专门介绍象棋连将杀着的工具书,全书分为十二章,共459局例。棋局精巧实用,内容丰富多彩,着法神出鬼没,编排井然有序。本书既可作为少年儿童学习象棋的教科书,也可作为初中级棋手快速提高象棋残局杀着功力的秘籍。

吴雁滨

目　录

第一章 车兵(双兵)

 第1局

黑方

```
1 2 3 4 5 6 7 8 9
┌─┬─┬─┬─┬─┬─┬─┬─┐
│ │ │ │将│ │ │车│ │
├─┼─┼─兵┼─┼─┼─┼─┤
│ │ │ │象│ │ │ │象│
├─┼─┼─┼─┼─┼─┼─┼─┤
│ │ │ │ │ │ │ │ │
├─┼─┼─┼─┼─┼─┼─┼─┤
│ │ │ │ │ │ │ │ │
├─┼─┴─┴─┼─┴─┴─┼─┤
│       │     │ │
├─┬─┬─┬─┼─┬─┬─┬─┤
│ │ │ │ │ │ │ │ │
├─┼─┼─┼─┼─┼─┼─┼─┤
│ │ │ │ │ │ │ │ │
├─┼─┼─卒┼─车┼─┼─┼─┤
│ │ │ │帅│ │ │ │ │
└─┴─┴─┴─┴─┴─┴─┴─┘
九 八 七 六 五 四 三 二 一
```

红 方

图1

着法(红先胜)：

1. 车二进二　　士5退6

2. 车二平四　　将4进1

3. 兵五进一　　将4进1

4. 车四退二

连将杀,红胜。

着法(红先胜)：

1. 兵五平四！　车6退7

2. 车二进一　　象9退7

3. 车二平三

连将杀,红胜。

 第2局

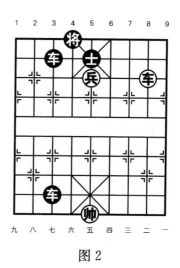

图2

1

第3局

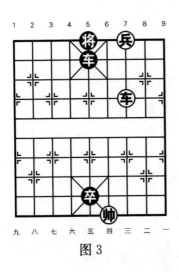

图3

着法(红先胜)：

1. 兵三平四　　将5平4
2. 兵四平五！　车5退1
3. 车三平六

连将杀，红胜。

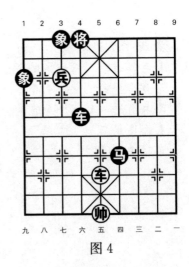

第4局

着法(红先胜)：

1. 车五进七　　将4进1
2. 兵七进一　　将4进1
3. 车五平六

连将杀，红胜。

图4

第5局

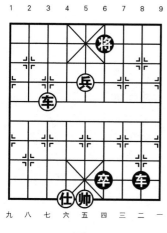

图5

着法（红先胜）：

1. 车七平四　　将6平5
2. 兵五进一　　将5退1
3. 兵五进一　　将5平4
4. 车四平六

连将杀，红胜。

 第6局

着法（红先胜）：

1. 车七进一　　士5退4
2. 车七平六　　将6进1
3. 兵三进一

连将杀，红胜。

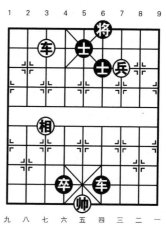

图6

第7局

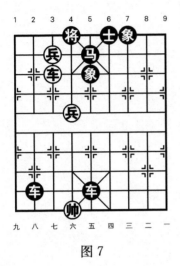

图 7

着法（红先胜）：

1. 兵七平六！　　将 4 进 1

2. 车七平六！　　将 4 进 1

3. 兵六进一　　　将 4 退 1

4. 兵六进一　　　将 4 退 1

5. 兵六进一　　　将 4 平 5

6. 兵六进一

连将杀，红胜。

第二章 车 马

第8局

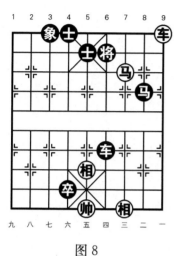

图8

着法（红先胜）：

1. 马三进二　　将6退1
2. 马二退一　　将6进1
3. 马一退三　　将6进1
4. 车一退二

连将杀，红胜。

第9局

着法（红先胜）：

1. 马二进三　　将6平5
2. 车二进一　　士5退6
3. 车二平四

连将杀，红胜。

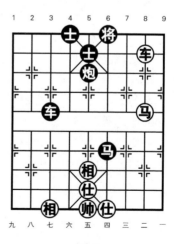

图9

第10局

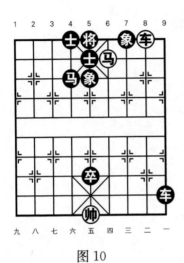

图 10

着法(红先胜)：

1. 车二平三　　士5退6
2. 马四退六　　将5进1
3. 车三退一

连将杀,红胜。

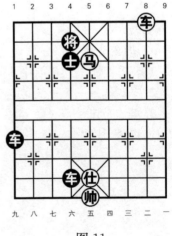

第11局

图 11

着法(红先胜)：

1. 车二退一　　士4退5
2. 马五退七　　将4退1
3. 车二进一　　士5退6
4. 车二平四

连将杀,红胜。

第 12 局

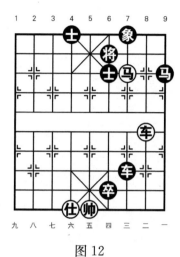

图 12

着法(红先胜)：

1. 车二进四　　马 9 退 7
2. 车二平三　　将 6 退 1
3. 车三进一　　将 6 进 1
4. 车三平四

连将杀,红胜。

第 13 局

着法(红先胜)：

1. 车二进五　　将 6 进 1

黑如改走象 5 退 7,红则马四进三,将 6 进 1,马三退五,将 6 进 1,车二退二,连将杀,红胜。

2. 车二退一　　将 6 退 1
3. 马四进三　　将 6 平 5
4. 车二进一　　士 5 退 6
5. 车二平四

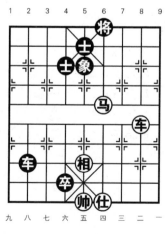

图 13

第 14 局

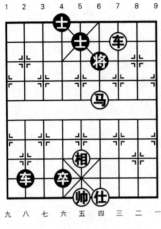

图 14

着法(红先胜)：

1. 马四进六　　将 6 平 5
2. 车三退一　　士 5 进 6
3. 车三平四

连将杀,红胜。

第 15 局

着法(红先胜)：

1. 马七退五　　将 4 平 5
2. 车三平五　　将 5 平 4
3. 车五进二

连将杀,红胜。

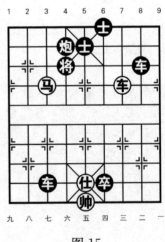

图 15

第 16 局

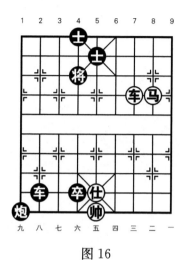

图 16

着法（红先胜）：

1. 车三平六　　将 4 平 5
2. 马二进三　　将 5 平 6
3. 车六平四

连将杀，红胜。

第 17 局

着法（红先胜）：

1. 车三进四　　士 5 退 6
2. 马五进七　　将 5 进 1
3. 车三退一

连将杀，红胜。

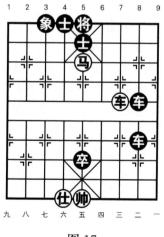

图 17

第 18 局

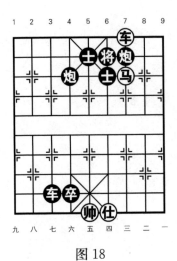

图 18

着法(红先胜):

1. 车三退一　　将6退1
2. 车三进一　　将6进1
3. 车三平四!　士5退6
4. 马三进二

连将杀,红胜。

第 19 局

着法(红先胜):

1. 马七进六　　士6进5
2. 车三退一　　将6退1
3. 马六退五　　将6退1
4. 车三进二

连将杀,红胜。

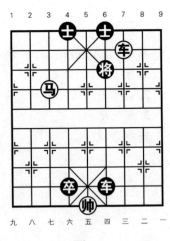

图 19

第 20 局

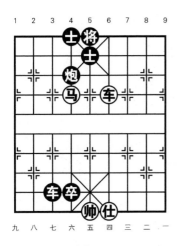

图 20

着法（红先胜）：
1. 马六进四　　将 5 平 6
2. 马四进二　　将 6 平 5
3. 车四进三
连将杀，红胜。

第 21 局

着法（红先胜）：
1. 车四进三　　将 5 进 1
2. 马六进七　　将 5 平 4
3. 车四平六
连将杀，红胜。

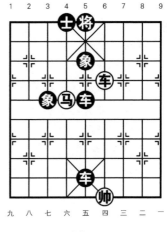

图 21

第22局

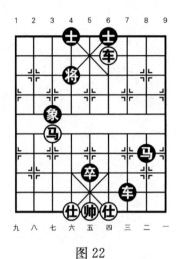

图22

着法(红先胜)：

1. 马七进五　　将4平5
2. 马五进七　　将5平4
3. 车四平六

连将杀,红胜。

第23局

着法(红先胜)：

1. 车四平六　　将5平6
2. 马四退二　　将6平5
3. 马二退三　　将5平6
4. 车六平四

连将杀,红胜。

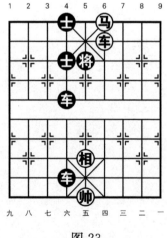

图23

第 24 局

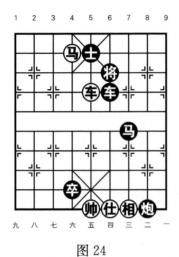

图 24

着法(红先胜)：

1. 车五进一　　将 6 退 1
2. 车五进一　　将 6 进 1
3. 车五平三

连将杀,红胜。

第 25 局

着法(红先胜)：

1. 车五进二　　将 6 进 1
2. 车五平三　　将 6 进 1
3. 车三平四

连将杀,红胜。

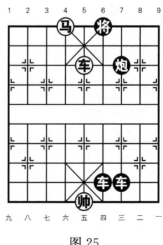

图 25

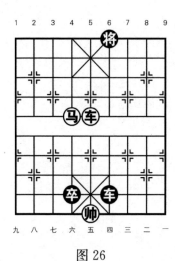

图 26

着法（红先胜）：

1. 马六进五　　将6平5
2. 马五退三　　将5平6
3. 车五进四

连将杀，红胜。

着法（红先胜）：

1. 马五退七　　将4进1
2. 马七进八　　将4退1
3. 车五进二

连将杀，红胜。

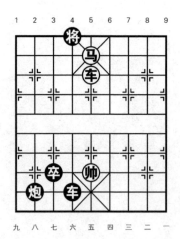

图 27

第 28 局

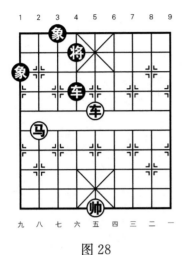

图 28

着法(红先胜)：

1. 马八进七！ 将 4 进 1

黑如改走车 4 平 3,红则车五平六,车 3 平 4,车六进一,连将杀,红胜。

2. 马七进八 将 4 退 1

3. 车五进三

连将杀,红胜。

第 29 局

着法(红先胜)：

1. 车五平四 将 6 平 5

2. 马六进七 将 5 进 1

3. 车四进三

连将杀,红胜。

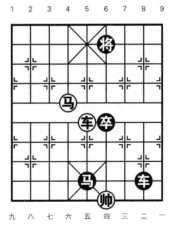

图 29

第 30 局

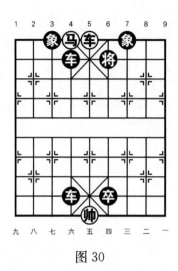

图 30

着法(红先胜)：

1. 车五退三！　将 6 退 1
2. 车五平四　　后车平 6
3. 车四进二

连将杀,红胜。

第 31 局

着法(红先胜)：

1. 马七退五　　将 6 进 1
2. 马五退三！　将 6 退 1
3. 马三进二　　将 6 进 1
4. 车五平四

连将杀,红胜。

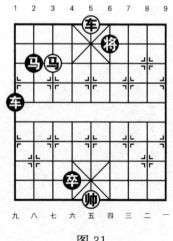

图 31

第 32 局

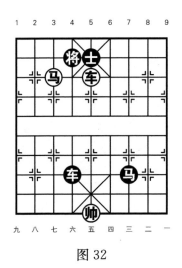

图 32

着法(红先胜)：

1. 车五进一　　将4进1

2. 车五退一　　将4退1

3. 马七进八　　将4退1

4. 车五进二

连将杀,红胜。

第 33 局

着法(红先胜)：

1. 车五进二　　将4进1

2. 马四退五　　将4退1

3. 马五进七　　将4进1

4. 车五平六

连将杀,红胜。

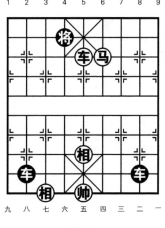

图 33

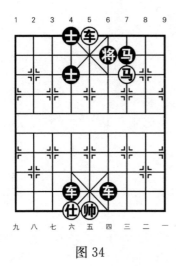

图 34

着法(红先胜)：

1. 马三退五　　将 6 进 1

2. 马五进六　　士 4 退 5

3. 车五平四

连将杀,红胜。

着法(红先胜)：

1. 车五进一　　将 4 进 1

2. 马三退五　　将 4 进 1

3. 马五进四　　将 4 退 1

4. 车五平六

连将杀,红胜。

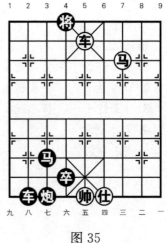

图 35

第 36 局

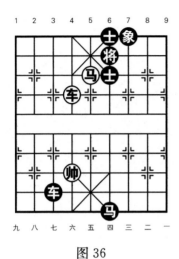

图 36

着法(红先胜)：

1. 马五进六　　将 6 平 5
2. 车六平五　　象 7 进 5
3. 车五进一
连将杀，红胜。

第 37 局

着法(红先胜)：

1. 马二进三　　将 5 平 6
2. 车六平四　　士 5 进 6
3. 车四进一
连将杀，红胜。

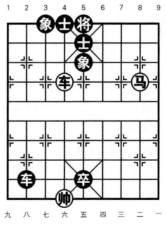

图 37

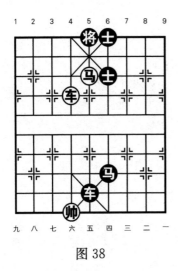

图 38

着法(红先胜)：

1. 马五进七 　　将 5 进 1
2. 车六进二 　　将 5 退 1
3. 车六平四

连将杀,红胜。

着法(红先胜)：

1. 车六进二 　　将 5 进 1
2. 车六退一 　　将 5 退 1
3. 马四进三 　　将 5 平 6
4. 车六平四

连将杀,红胜。

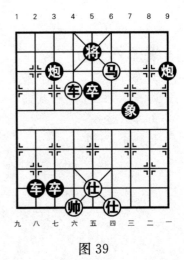

图 39

第 40 局

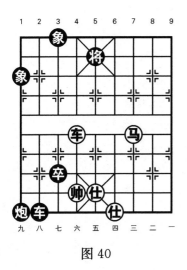

图 40

着法(红先胜)：

1. 马三进四　　将5平6
2. 马四进二　　将6进1
3. 马二进三　　将6退1
4. 车六平四

连将杀,红胜。

第 41 局

着法(红先胜)：

1. 马七进八　　将4退1
2. 车七进四　　将4退1
3. 车七平五

连将杀,红胜。

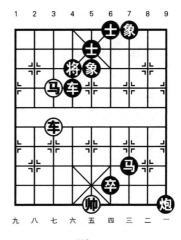

图 41

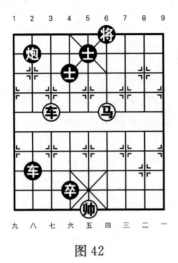

图 42

着法(红先胜)：

1. 马四进三　　将6进1

2. 马三进二　　将6退1

3. 车七进四　　士5退4

4. 车七平六

连将杀,红胜。

着法(红先胜)：

1. 马九退八　　将4进1

2. 车七退二　　将4退1

3. 车七进一　　将4进1

4. 车七平六

连将杀,红胜。

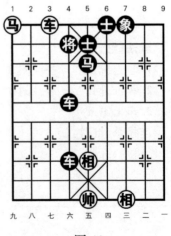

图 43

第44局

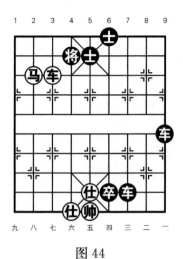

图44

着法(红先胜)：

1. 车七退一　　将4进1

2. 马八进七　　将4平5

3. 车七进一　　士5进4

4. 车七平六

连将杀,红胜。

第45局

着法(红先胜)：

1. 车七平六　　将4平5

2. 马七进六　　将5平4

3. 马六进八　　将4平5

4. 车六进五

连将杀,红胜。

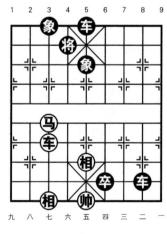

图45

第 46 局

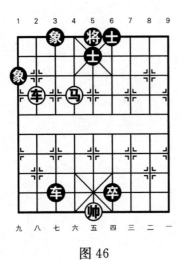

图 46

着法(红先胜)：

1. 马六进四　　将5平4
2. 车八平六　　士5进4
3. 车六进一

连将杀,红胜。

第 47 局

着法(红先胜)：

1. 车八进一　　士5退4
2. 马四进三　　将5进1
3. 车八退一

连将杀,红胜。

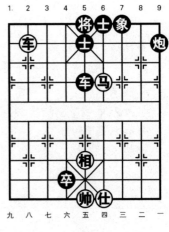

图 47

第 48 局

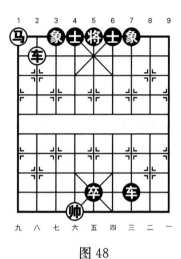

图 48

着法(红先胜):
1. 马九退七　　将5进1
2. 马七退六　　将5退1
3. 马六进四
连将杀,红胜。

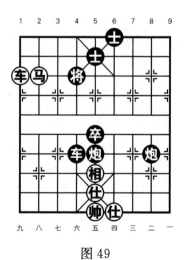 第 49 局

着法(红先胜):
1. 马八退九　　将4退1
2. 马九进七　　将4退1
3. 车九进二
连将杀,红胜。

图 49

第50局

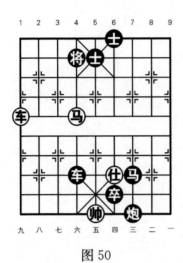

图 50

着法(红先胜)：

1.车九进三　　将4退1

2.马六进七　　将4平5

3.车九进一　　车4退7

4.车九平六

连将杀,红胜。

第51局

着法(红先胜)：

1.车九进二　　将5进1

2.马四退三　　将5平4

3.马三退五　　将4平5

4.马五进七　　将5平4

5.车九平六

连将杀,红胜。

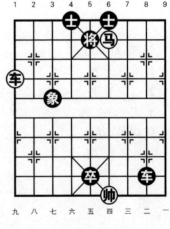

图 51

第三章 车马兵（双兵）

 第52局

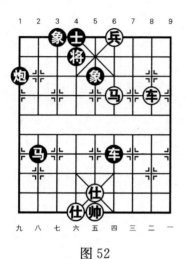

图 52

着法（红先胜）：

1. 车二进二　　士4进5
2. 车二平五　　将4退1
3. 兵四平五

连将杀，红胜。

 第53局

着法（红先胜）：

1. 车二进一　　将4退1
2. 马七退五　　将4平5
3. 兵三平四

连将杀，红胜。

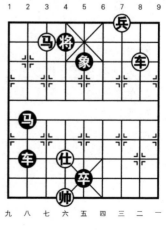

图 53

第 54 局

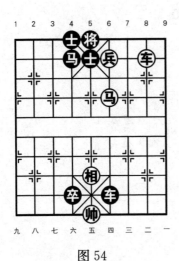

着法(红先胜)：
1. 车二进一　　士5退6
2. 车二平四！　马4退6
3. 马四进六
连将杀，红胜。

图 54

第 55 局

着法(红先胜)：
1. 兵四平五　　将5平6
2. 车二进一！　马7退8
3. 马四进二
连将杀，红胜。

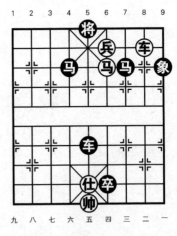

图 55

第56局

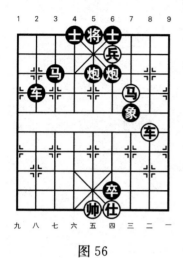

图 56

着法（红先胜）：

1. 兵四进一！　　将5进1
2. 车二进四　　　炮6退1
3. 车二平四

连将杀,红胜。

第57局

着法（红先胜）：

1. 马五进七　　　将5进1
2. 兵四平五　　　将5平6
3. 车二进二

连将杀,红胜。

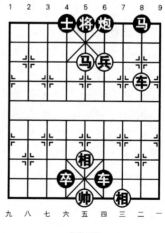

图 57

第 58 局

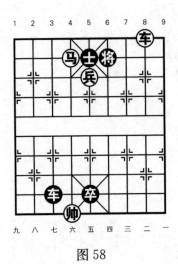

图 58

着法(红先胜)：

1. 兵五平四！　　将 6 进 1
2. 车二退二　　　将 6 退 1
3. 马六退五　　　将 6 退 1
4. 车二进二

连将杀，红胜。

第 59 局

着法(红先胜)：

1. 兵五平六　　　将 4 平 5
2. 马四退五　　　士 5 进 6
3. 兵六进一　　　将 5 退 1
4. 车二进一　　　将 5 退 1
5. 马五进四　　　将 5 平 4
6. 兵六进一

连将杀，红胜。

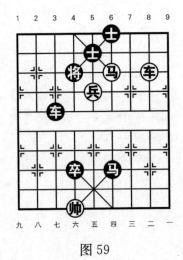

图 59

第 60 局

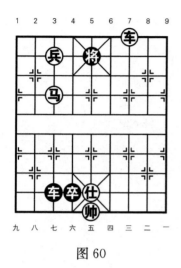

图 60

着法（红先胜）：

1. 兵七平六　　将5平6
2. 车三退一　　将6退1
3. 马七进五　　将6平5
4. 车三进一
连将杀,红胜。

第 61 局

着法（红先胜）：

1. 兵五进一!　　将5进1
2. 车三平五　　将5平4
3. 马八进七　　将4退1
4. 车五平六
连将杀,红胜。

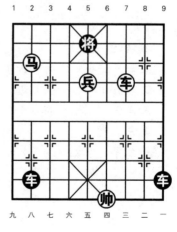

图 61

第 62 局

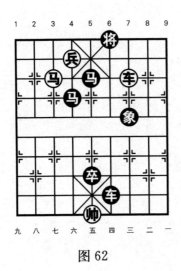

图 62

着法(红先胜)：

1. 车三进二　　将 6 进 1

2. 兵六平五！　马 4 退 5

3. 马七进六　　将 6 进 1

4. 车三平四

连将杀,红胜。

第 63 局

着法(红先胜)：

1. 车三进一　　将 6 进 1

2. 兵五平四！　将 6 进 1

3. 车三平四　　将 6 平 5

4. 马六退七

连将杀,红胜。

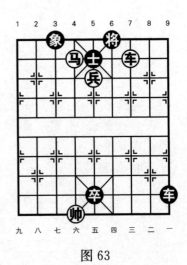

图 63

第 64 局

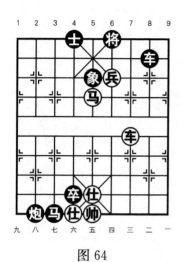

着法(红先胜)：

1. 兵四进一！　　将 6 进 1

2. 车三平四　　　将 6 平 5

3. 马五进三　　　将 5 平 4

4. 车四平六

连将杀,红胜。

图 64

第 65 局

着法(红先胜)：

1. 车三进八　　　将 5 退 1

2. 兵七平六！　　将 5 平 6

3. 马七进五　　　后车平 5

4. 兵六平五！　　将 6 平 5

5. 车三进一

连将杀,红胜。

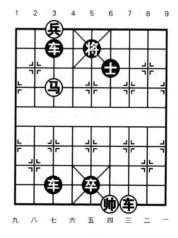

图 65

第66局

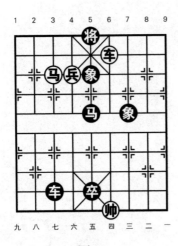

图66

着法(红先胜)：

1. 车四进一 　　将5进1
2. 兵六进一！　将5平4
3. 车四平六

连将杀，红胜。

第一种着法(红先胜)：

1. 兵四平五！　士4进5
2. 马四进三 　　将5平4
3. 车四平六 　　士5进4
4. 车六进四

连将杀，红胜。

第二种着法(红先胜)：

1. 兵四进一！　士5退6
2. 车四平五 　　士6进5
3. 马四进三 　　将5平6
4. 车五平四 　　士5进6
5. 车四进四

连将杀，红胜。

第67局

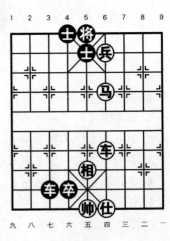

图67

第68局

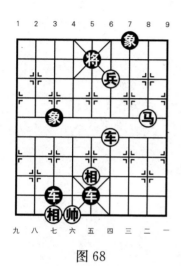

图68

着法（红先胜）：

1. 车四平五　　象3退5
2. 兵四平五！　象7进5
3. 马二进三　　将5退1
4. 车五进三

连将杀，红胜。

第69局

着法（红先胜）：

1. 马四退六　　将6平5
2. 兵六平五！　将5平4
3. 马六进八　　将4退1
4. 车四进三

连将杀，红胜。

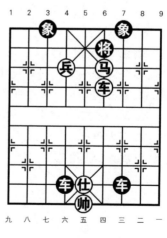

图69

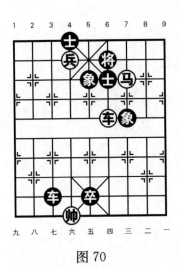

图70

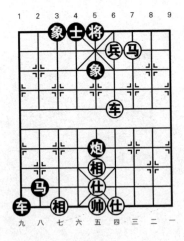

第70局

着法(红先胜)：

1. 马三进二　　将6退1
2. 车四进二　　将6平5
3. 兵六进一　　将5进1
4. 车四进一
连将杀，红胜。

第71局

着法(红先胜)：

1. 兵四进一　　将5进1
2. 马三退四　　将5平6
3. 马四进二　　将6平5
4. 车四进三
连将杀，红胜。

图71

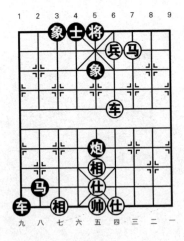

象棋精妙杀着宝典

36

第72局

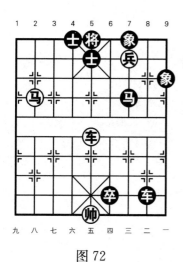

着法(红先胜)：

1. 马八进六　　将5平6
2. 车五平四！　马7进6
3. 兵三平四

连将杀，红胜。

图72

第73局

着法(红先胜)：

1. 车五进二　　将4进1
2. 车五平六　　将4平5
3. 兵四平五！　将5平6
4. 车六平四

连将杀，红胜。

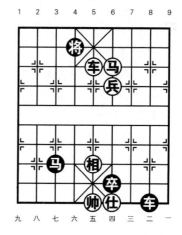

图73

第74局

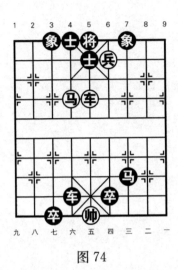

图74

着法(红先胜)：

1. 兵四进一！　　将5平6
2. 车五平四　　　将6平5
3. 马六进四　　　将5平6
4. 马四进二　　　将6平5
5. 车四进三

连将杀,红胜。

第75局

着法(红先胜)：

1. 车六进五　　　将5进1
2. 兵四进一！　　将5平6
3. 车六退一

连将杀,红胜。

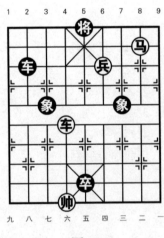

图75

第76局

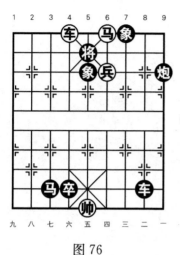

图76

着法(红先胜)：

1.兵四平五！　　将5平6

黑如改走象7进5,红则马四退三,将5平6,车六平四,连将杀,红胜。

2.兵五平四！　　将6进1

3.马四退六　　　将6退1

4.车六平四

连将杀,红胜。

第77局

着法(红先胜)：

1.车七平六　　　炮5平4

2.马七进八　　　将4平5

3.车六平五　　　炮4平5

4.兵五进一

连将杀,红胜。

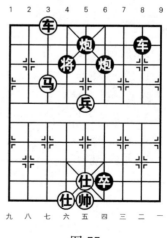

图77

第78局

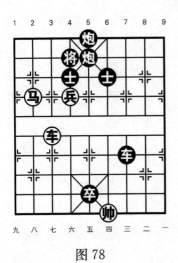

图78

着法(红先胜)：

1. 兵六进一　　将4退1

2. 兵六进一!　　将4进1

3. 车七平六

连将杀,红胜。

第79局

着法(红先胜)：

1. 车七进五　　将4进1

2. 马三进四!　　士5退6

3. 兵五平六!　　将4进1

4. 车七平六

连将杀,红胜。

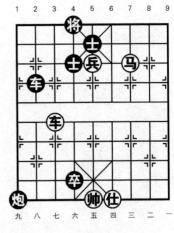

图79

第80局

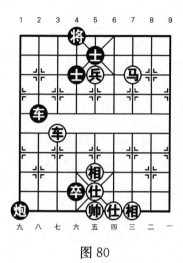

图 80

着法（红先胜）：

1. 车七进五　　将4进1
2. 兵五进一！　士4退5
3. 马三退五　　将4进1
4. 车七退二

连将杀，红胜。

第81局

着法（红先胜）：

1. 车七进一　　将4进1
2. 兵八平七！　炮3退2
3. 车七退一　　将4退1
4. 车七进一　　将4进1
5. 车七平六！　士5退4
6. 马七进八

连将杀，红胜。

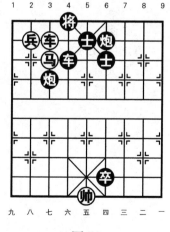

图 81

第 82 局

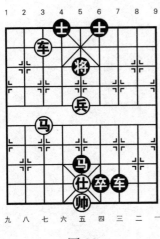

图 82

着法(红先胜):

1. 兵五进一　　将5平6

2. 兵五平四　　将6平5

3. 兵四进一!　　将5平6

4. 马七进六　　将6平5

5. 车七退一

连将杀,红胜。

第 83 局

着法(红先胜):

1. 兵六进一!　　将5平4

2. 车八进七　　象5退3

3. 车八平七

连将杀,红胜。

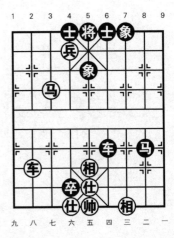

图 83

第84局

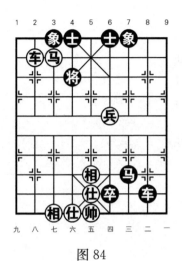

图84

着法（红先胜）：

1. 马七退八　　将4平5
2. 马八退六　　将5平4
3. 马六进四　　将4平5
4. 车八退一
连将杀，红胜。

第85局

着法（红先胜）：

1. 车八进五　　士5退4
2. 马四进六　　将5进1
3. 车八退一　　将5进1
4. 兵五进一
连将杀，红胜。

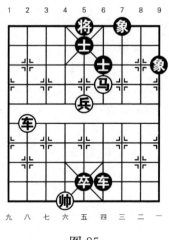

图85

第86局

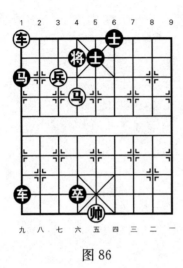

图86

着法(红先胜)：

1. 马六进四！　士5进6

2. 兵七平六！　将4进1

3. 车九平六

连将杀,红胜。

第87局

着法(红先胜)：

1. 兵四平五！　士4退5

2. 马五进四！　炮6进1

3. 车九平五　　将5平4

4. 车五平六

连将杀,红胜。

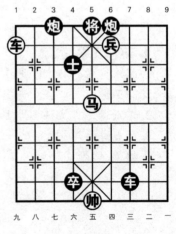

图87

第88局

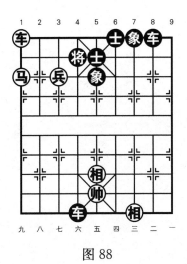

图88

着法(红先胜):

1. 马九进八　　将4退1
2. 马八退六!　　将4退1
3. 兵七进一　　将4进1
4. 车九退二

连将杀,红胜。

第89局

着法(红先胜):

1. 兵七进一　　将4退1
2. 车二平四!　　士5退6
3. 兵七进一　　将4平5
4. 马五进四

连将杀,红胜。

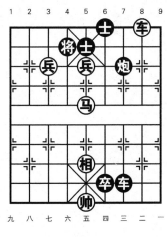

图89

第90局

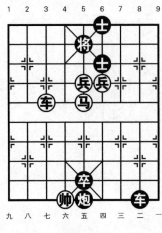

图 90

着法(红先胜)：

1. 兵五进一！ 　将5进1

2. 车七进二 　　将5退1

3. 车七进一 　　将5退1

4. 马五进四

连将杀,红胜。

第四章 车 炮

第91局

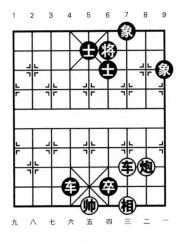

图 91

着法(红先胜)：

1. 车三进六　　将6退1
2. 车三平四！　将6平5
3. 炮二进七

连将杀,红胜。

第92局

着法(红先胜)：

1. 车三平四　　将6平5
2. 车四平五　　将5平4
3. 车五平六

连将杀,红胜。

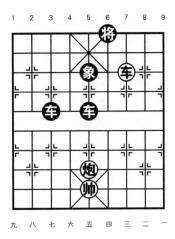

图 92

第 93 局

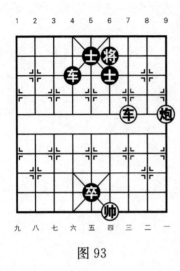

图 93

着法(红先胜)：

1. 车三进三　　将 6 退 1
2. 车三进一　　将 6 进 1
3. 炮一平四

连将杀，红胜。

 第 94 局

着法(红先胜)：

1. 炮二进三　　士 5 退 6
2. 车四进三　　将 5 进 1
3. 车四退一

连将杀，红胜。

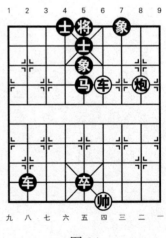

图 94

第 95 局

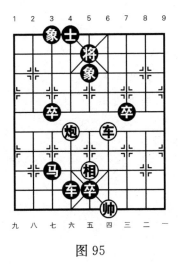

图 95

着法(红先胜)：

1. 车四进四　　将 5 退 1
2. 炮六平五！　士 4 进 5
3. 车四进一
连将杀,红胜。

第 96 局

着法(红先胜)：

1. 车五平六　　将 4 平 5
2. 仕四退五　　将 5 平 6
3. 车六平四
连将杀,红胜。

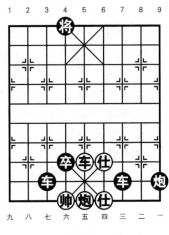

图 96

第97局

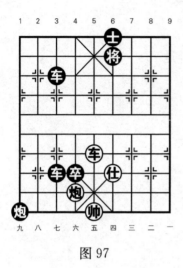

图97

着法(红先胜)：

1. 车五平四　　　后车平6
2. 车四进四！　　将6进1
3. 炮六平四

连将杀,红胜。

 第98局

着法(红先胜)：

1. 炮二平四　　　士6退5
2. 仕五进四　　　士5进6
3. 车五进二！　　车5进1
4. 仕四退五

连将杀,红胜。

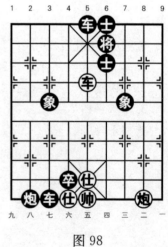

图98

第99局

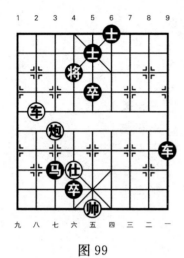

图 99

着法(红先胜):

1. 车八平六　　将 4 平 5
2. 炮七平五　　将 5 平 6
3. 车六平四

连将杀,红胜。

第五章　车炮兵(双兵)

第100局

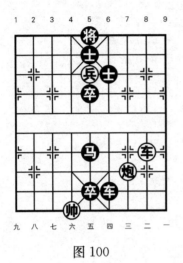

图100

着法(红先胜)：

1. 车二进六　　士5退6
2. 炮三进七　　士6进5
3. 炮三退五　　士5退6
4. 兵五进一！　将5进1
5. 炮三平五　　将5平6
6. 车二退一
连将杀，红胜。

第101局

着法(红先胜)：

1. 车三进二　　士5退6
2. 车三平四！　炮6退2
3. 炮三进九
连将杀，红胜。

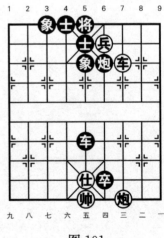

图101

第 102 局

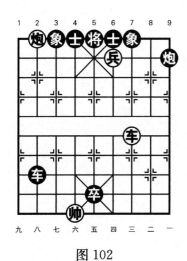

图 102

着法(红先胜)：

1. 车三平五　　士6进5
2. 兵四平五　　将5平6
3. 车五平四　　炮9平6
4. 车四进四

连将杀,红胜。

第 103 局

着法(红先胜)：

1. 车三进三　　将5进1
2. 兵五进一　　将5平6

黑如改走将5平4,红则兵五进一,将4进1,车三退二,连将杀,红胜。

3. 兵五平四!　　将6进1
4. 车三平四

连将杀,红胜。

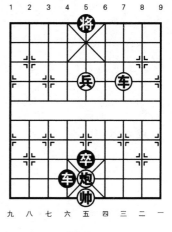

图 103

第 104 局

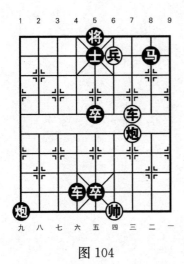

图 104

着法(红先胜)：

1. 车三进四　　马 8 退 6

2. 车三平四！　士 5 退 6

3. 炮三进五　　士 6 进 5

4. 兵四进一

连将杀,红胜。

第 105 局

着法(红先胜)：

1. 车三平四！　将 6 平 5

2. 兵六平五　　士 6 退 5

3. 车四进一

连将杀,红胜。

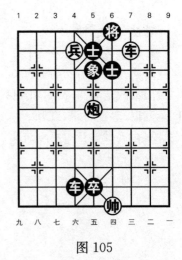

图 105

第 106 局

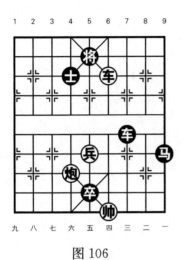

图 106

着法（红先胜）：

1. 车四平五！　　将 5 进 1

2. 炮六平五　　　车 7 平 5

3. 兵五进一

连将杀，红胜。

第 107 局

着法（红先胜）：

1. 炮五平六　　　士 5 进 4

2. 车四退一　　　士 6 退 5

3. 兵六平五

连将杀，红胜。

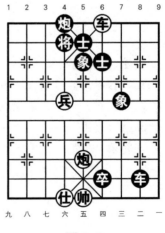

图 107

第 108 局

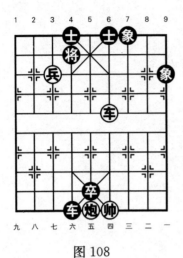

图 108

着法(红先胜)：

1. 兵七进一　　将 4 进 1
2. 车四进二　　象 7 进 5
3. 车四平五

连将杀，红胜。

第 109 局

着法(红先胜)：

1. 车四平五！　　将 5 平 6
2. 兵六进一　　象 5 退 3
3. 兵六平五

连将杀，红胜。

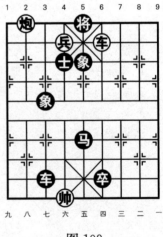

图 109

第 110 局

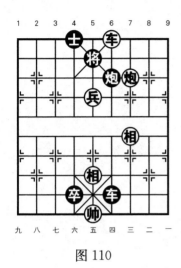

图 110

着法(红先胜):

1. 兵五进一　　将5平4
2. 车四退一　　士4进5
3. 兵五进一　　将4退1
4. 车四进一

连将杀,红胜。

第 111 局

着法(红先胜):

1. 车五平六!　士6进5

黑如改走象7进5,红则兵六进一,将5进1,车六进五,连将杀,红胜。

2. 兵六平五!　士4进5

3. 车六进六

连将杀,红胜。

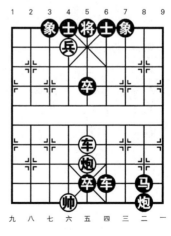

图 111

第112局

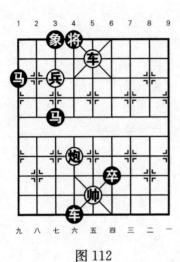

图 112

着法(红先胜)：

1. 车五进一　　将 4 进 1
2. 兵七平六！　将 4 进 1
3. 车五平六

连将杀,红胜。

第113局

着法(红先胜)：

1. 兵四平五！　士 4 进 5
2. 车五进三　　将 5 平 6
3. 车五平四

连将杀,红胜。

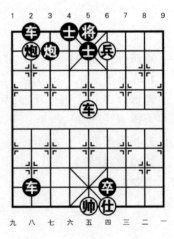

图 113

第 114 局

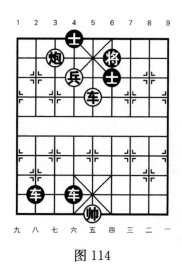

图 114

着法（红先胜）：

1. 兵六进一　　士 4 进 5

2. 兵六平五　　将 6 退 1

3. 兵五进一　　将 6 进 1

4. 车五进二

连将杀，红胜。

第 115 局

着法（红先胜）：

1. 车五进一　　将 4 进 1

2. 炮二退一　　士 6 进 5

3. 车五退一　　将 4 进 1

4. 车五平六

连将杀，红胜。

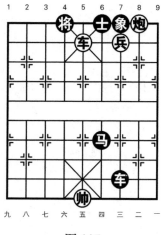

图 115

第 116 局

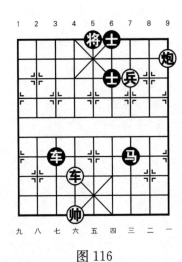

图 116

着法(红先胜)：
1. 车六进七　　将 5 进 1
2. 兵三进一　　将 5 进 1
3. 车六退二
连将杀,红胜。

 第 117 局

着法(红先胜)：
1. 车六进二　　将 6 进 1
2. 车六退一　　马 7 退 5
3. 车六平五
连将杀,红胜。

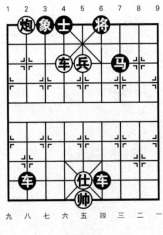

图 117

第118局

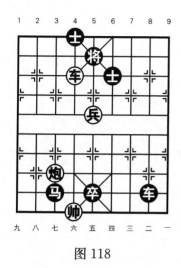

图118

着法(红先胜)：

1. 车六进一　　将5退1
2. 炮七进七　　士4进5
3. 车六进一

连将杀,红胜。

第119局

着法(红先胜)：

1. 车六进二！　　将4进1
2. 兵七平六　　车5平4
3. 兵六进一

连将杀,红胜。

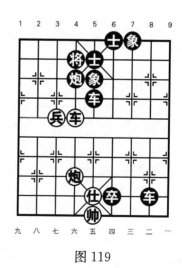

图119

61

第 120 局

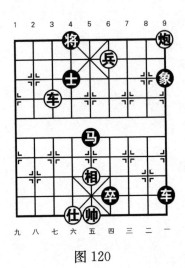

图 120

着法(红先胜)：

1. 兵四进一　　象 9 退 7

2. 兵四平五　　将 4 进 1

3. 车七进二

连将杀,红胜。

 第 121 局

着法(红先胜)：

1. 炮三进一!　　士 4 进 5

2. 兵五进一　　将 4 退 1

3. 车八进二

连将杀,红胜。

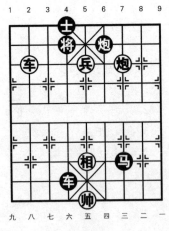

图 121

第 122 局

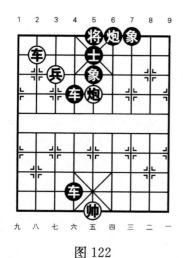

图 122

着法（红先胜）：

1. 车八平五　　将5平4
2. 车五进一　　将4进1
3. 兵七进一　　将4进1
4. 车五平六

连将杀,红胜。

第 123 局

着法（红先胜）：

1. 车八进三　　士5退4
2. 炮七进一　　士4进5
3. 炮七退二！　士5退4
4. 兵六进一　　将5平6
5. 兵六平五　　将6进1
6. 车八退一　　炮4退6
7. 车八平六

连将杀,红胜。

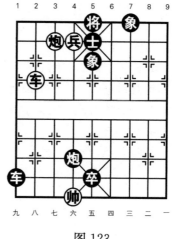

图 123

第124局

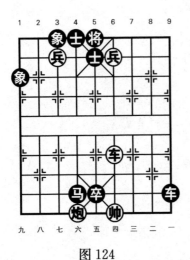

图124

着法(红先胜)：

1. 兵四进一！　　士5退6
2. 车四进六　　　将5进1
3. 兵七平六　　　将5进1
4. 车四退二
连将杀,红胜。

第125局

着法(红先胜)：

1. 炮三平四！　　炮6平7
2. 炮四平六　　　炮7平6
3. 车四进四！　　炮4平6
4. 炮六进五
连将杀,红胜。

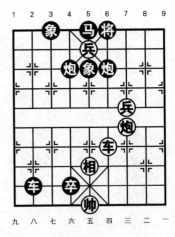

图125

第 126 局

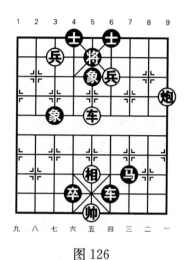

图 126

着法(红先胜):

1. 炮一平五　　象 5 退 7
2. 炮五平六!　象 7 进 5
3. 车五进二

连将杀,红胜。

第 127 局

着法(红先胜):

1. 兵六平五!　　士 6 退 5
2. 车六平四　　士 5 进 6
3. 车四进五!　　将 6 进 1
4. 兵三平四　　将 6 退 1
5. 炮七平四　　车 7 平 6
6. 兵四进一　　将 6 退 1
7. 兵四进一

连将杀,红胜。

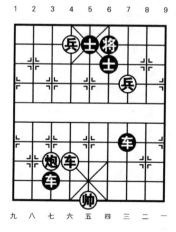

图 127

第 128 局

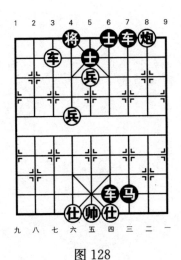

图 128

着法(红先胜)：

1. 车七进一　　将4进1
2. 兵五进一！　士6进5
3. 车七退一　　将4进1
4. 兵六进一

连将杀，红胜。

 第 129 局

着法(红先胜)：

1. 车八平四！　炮9平6
2. 炮一平四　　炮6平3
3. 兵三平四　　炮3平6
4. 兵四进一　　将6退1
5. 兵四进一　　将6平5
6. 兵四进一

连将杀，红胜。

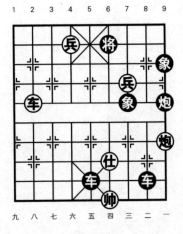

图 129

第 130 局

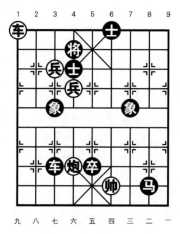

图 130

着法（红先胜）：

1. 兵七平六　　将 4 平 5

2. 前兵进一　　将 5 进 1

3. 车九平五　　士 6 进 5

4. 车五退一

连将杀，红胜。

第六章 车 马 炮

第 131 局

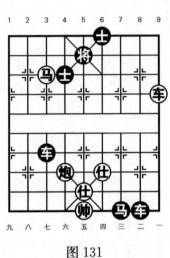

图 131

着法(红先胜):

1. 车一平五　　将 5 平 6
2. 马七进六　　将 6 进 1
3. 车五平四

连将杀,红胜。

第 132 局

着法(红先胜):

1. 车一进六　　将 6 进 1
2. 炮二进六　　将 6 进 1
3. 车一退二

连将杀,红胜。

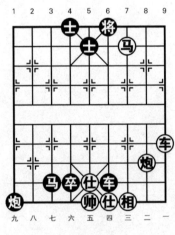

图 132

第 133 局

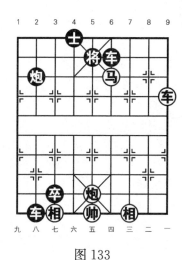

图 133

着法(红先胜):

1. 车一平五　　炮 2 平 5
2. 车五进一!　　将 5 平 4
3. 车五进一!　　将 4 平 5
4. 相三进五

连将杀,红胜。

第 134 局

着法(红先胜):

1. 炮二进一　　将 5 进 1

黑如改走士 6 进 5,红则马三进四! 将 5 平 6,炮二退三,将 6 进 1,炮二平四,连将杀,红胜。

2. 车一退一　　将 5 进 1
3. 马三进四　　将 5 平 4
4. 车一平六

连将杀,红胜。

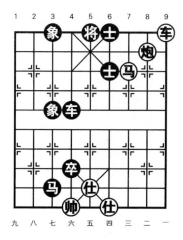

图 134

第 135 局

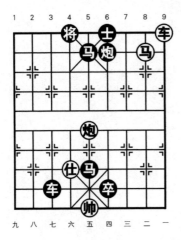

图 135

着法(红先胜)：
1. 车一平四　　将4进1
2. 马二退四　　将4进1
3. 车四平六　　将4平5
4. 马四退五
连将杀，红胜。

第 136 局

着法(红先胜)：
1. 炮八进一　　将4退1
2. 车二进五　　士5退6
3. 车二平四
连将杀，红胜。

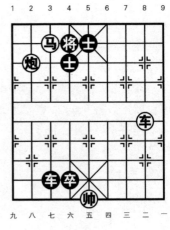

图 136

第 137 局

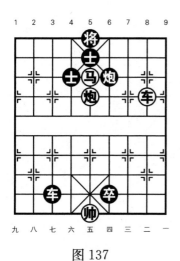

图 137

着法(红先胜)：
1. 车二进三　　炮 6 退 2
2. 马五进三　　将 5 平 4
3. 炮五平六
连将杀,红胜。

第 138 局

着法(红先胜)：
1. 马八退六　　将 5 平 6
2. 车二平四　　士 5 进 6
3. 车四进一
连将杀,红胜。

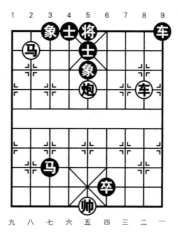

图 138

第 139 局

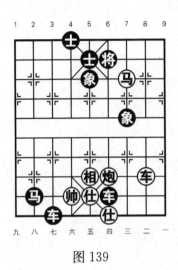

图 139

着法(红先胜)：

1. 车二进六　　将 6 进 1
2. 马三退四　　车 6 退 1
3. 马四进六

连将杀, 红胜。

第 140 局

着法(红先胜)：

1. 马一进三　　将 5 进 1
2. 马三退四　　将 5 退 1
3. 马四进六

连将杀, 红胜。

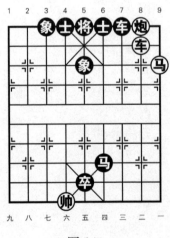

图 140

第 141 局

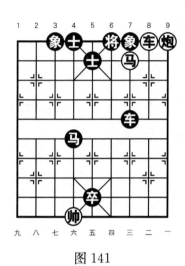

图 141

着法(红先胜):

1. 车二退三　　将6进1
2. 车二平四　　士5进6
3. 炮一退一　　将6退1
4. 车四进一
连将杀,红胜。

第 142 局

着法(红先胜):

1. 马五进三　　将5平6
2. 马三退四　　士5进6
3. 马四进六　　士6退5
4. 车二进一
连将杀,红胜。

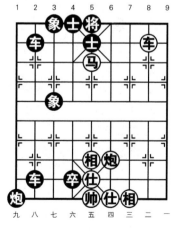

图 142

第 143 局

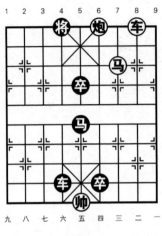

图 143

着法(红先胜):

1. 炮四退四　　将4进1
2. 马三退五　　将4平5
3. 炮四平五

连将杀,红胜。

第 144 局

着法(红先胜):

1. 车二进一　　士5退6
2. 炮三进一　　士6进5
3. 炮三平六　　士5退6
4. 车二平四

连将杀,红胜。

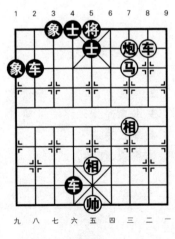

图 144

第 145 局

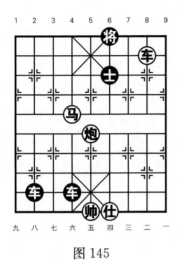

图 145

着法(红先胜):

1. 马六进五　　士6退5
2. 车二进一　　将6进1
3. 马五退三　　将6进1
4. 车二退二

连将杀,红胜。

第 146 局

着法(红先胜):

1. 车二平四　　将6平5
2. 车四平五　　将5平4
3. 车五进一　　将4退1
4. 车五进一

连将杀,红胜。

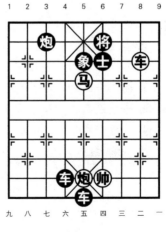

图 146

第 147 局

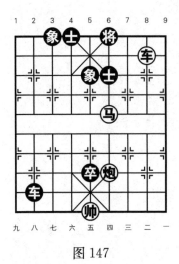

图 147

着法(红先胜):

1. 马四进五！ 士6退5
2. 车二进一 将6进1
3. 马五退三 将6进1
4. 车二退二

连将杀,红胜。

第 148 局

着法(红先胜):

1. 车二进一 士4进5
2. 炮八平六 卒4平5
3. 马七退六 卒5平4
4. 马六进八

连将杀,红胜。

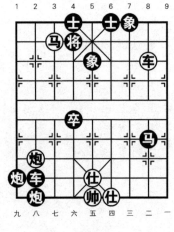

图 148

第 149 局

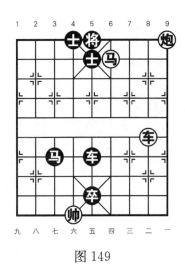

图 149

着法(红先胜):

1. 马四进二　　士 5 退 6
2. 马二退三　　士 6 进 5
3. 车二进五　　士 5 退 6
4. 车二平四

连将杀,红胜。

第 150 局

着法(红先胜):

1. 车二进八　　将 5 退 1

黑如改走将 5 进 1,则马五进三,将 5 平 6,车二退一杀,红胜。

2. 马五进六　　将 5 平 6
3. 车二平四

连将杀,红胜。

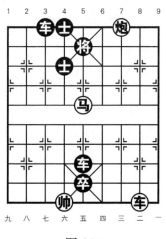

图 150

 第 151 局

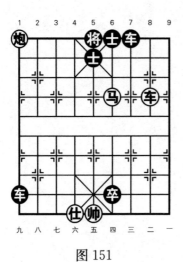

图 151

着法(红先胜)：

1. 马四进六　　将 5 平 4

2. 马六进七!　车 1 退 8

3. 车二平六　　将 4 平 5

4. 马七退六　　将 5 平 4

5. 马六退八　　将 4 平 5

6. 马八进七

连将杀,红胜。

 第 152 局

着法(红先胜)：

1. 车三进一!　车 8 平 7

2. 马二退四　　将 5 平 6

3. 炮五平四

连将杀,红胜。

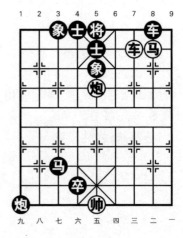

图 152

第 153 局

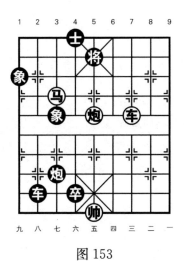

图 153

着法(红先胜):
1. 车三进三　　将5退1
2. 马七进五　　士4进5
3. 车三进一
连将杀,红胜。

 第 154 局

着法(红先胜):
1. 车三退一　　将6进1
2. 马四进三　　卒5平6
3. 车三平四
连将杀,红胜。

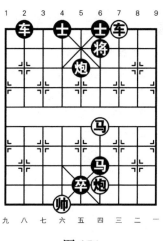

图 154

第 155 局

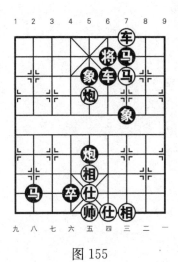

着法(红先胜)：

1. 车三退一　　将6退1
2. 车三进一　　将6进1
3. 车三平四

连将杀，红胜。

图 155

 第 156 局

着法(红先胜)：

1. 马四进三　　将5平6
2. 车三平四　　士5进6
3. 车四进一！　炮4平6
4. 炮二平四

连将杀，红胜。

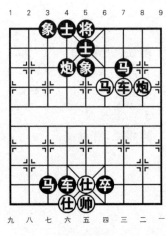

图 156

第 157 局

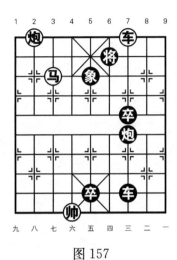

图 157

着法(红先胜):

1. 马七进六　　将6平5
2. 车三平五　　将5平6
3. 车五退二

连将杀,红胜。

第 158 局

着法(红先胜):

1. 车三进五!　　士5退6
2. 马二进四　　将5进1
3. 车三退一

连将杀,红胜。

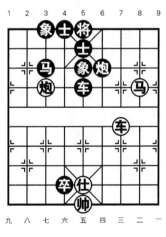

图 158

第 159 局

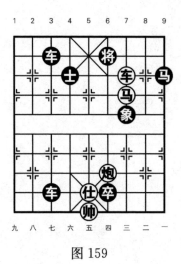

图 159

着法(红先胜)：

1. 车三进一 　　将 6 进 1
2. 马三退五 　　将 6 平 5
3. 炮四平五
连将杀，红胜。

第 160 局

着法(红先胜)：

1. 车三进一！　　士 5 退 6
2. 马四进六 　　将 5 进 1
3. 车三退一
连将杀，红胜。

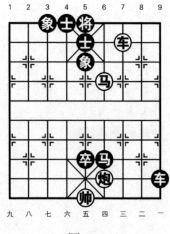

图 160

第 161 局

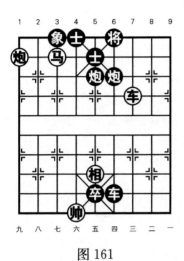

图 161

着法(红先胜):

1. 车三进三　　将6进1

2. 马七退五　　士5进4

3. 车三退一

连将杀,红胜。

 第 162 局

着法(红先胜):

1. 车三进五　　将5进1

2. 炮三进八　　将5进1

3. 车三平五

连将杀,红胜。

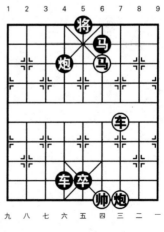

图 162

第 163 局

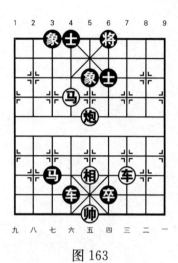

着法(红先胜)：

1. 炮五平四　　将6平5
2. 马六进四　　将5进1
3. 车三进六

连将杀，红胜。

图 163

第 164 局

着法(红先胜)：

1. 马三退四！　　车4平6
2. 车三平六　　车6平4
3. 车六进二

连将杀，红胜。

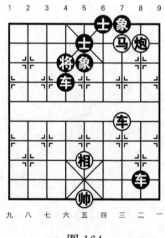

图 164

第 165 局

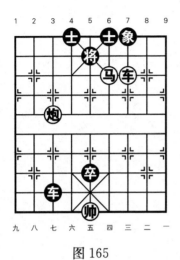

图 165

着法(红先胜)：
1. 马四退六　　将 5 退 1
2. 马六进七　　将 5 进 1
3. 车三进一
连将杀,红胜。

 第 166 局

着法(红先胜)：
1. 炮三平六　　士 4 退 5
2. 车三平六　　士 5 进 4
3. 车六进一
连将杀,红胜。

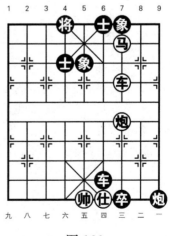

图 166

第 167 局

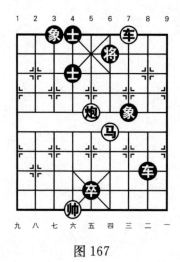

图 167

着法(红先胜)：

1. 马四进三　　将6平5
2. 车三退一　　将5退1
3. 马三进五　　士4进5
4. 车三进一

连将杀,红胜。

第 168 局

着法(红先胜)：

1. 车三平四　　将5进1
2. 车四退一　　将5退1
3. 马五进三!　　车5退3
4. 车四进一

连将杀,红胜。

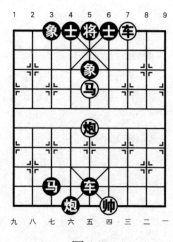

图 168

第169局

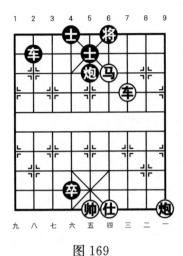

图169

着法（红先胜）：

1. 马四进二　　将6平5
2. 车三进三　　士5退6
3. 车三平四　　将5进1
4. 炮一进八

连将杀，红胜。

第170局

第一种着法（红先胜）：

1. 炮八退一　　士5进4
2. 马七进六　　将6进1
3. 车三退二

连将杀，红胜。

第二种着法（红先胜）：

1. 马七退五　　象3进5
2. 车三退一　　将6进1
3. 炮八退二　　士5进4
4. 马五退三

连将杀，红胜。

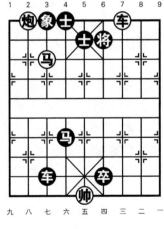

图170

第 **171** 局

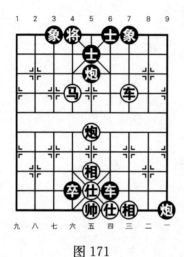

图 171

着法(红先胜)：

1. 炮五平六　　炮 5 平 4
2. 马六进四　　炮 4 平 5
3. 车三平六　　士 5 进 4
4. 车六进一

连将杀,红胜。

 第 **172** 局

着法(红先胜)：

1. 车三进一　　将 6 进 1
2. 马五退三　　将 6 进 1
3. 车三退二　　将 6 退 1
4. 车三平二

连将杀,红胜。

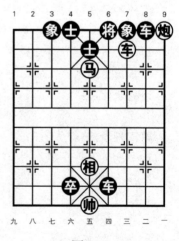

图 172

第 173 局

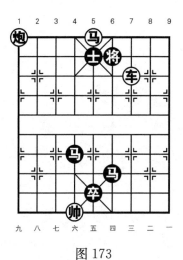

图 173

着法(红先胜)：

1. 炮九退一　　士5退4
2. 马五退六　　将6平5
3. 马六进八　　将5退1
4. 车三进二

连将杀,红胜。

第 174 局

着法(红先胜)：

1. 马九进八　　士5退4
2. 马八退七　　士4进5
3. 马七进六

连将杀,红胜。

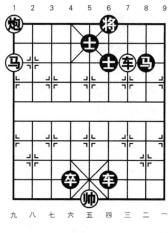

图 174

第 175 局

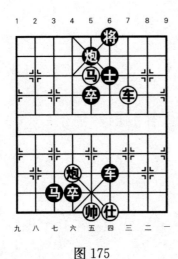

图 175

着法(红先胜):

1. 车三进三 　　将6进1
2. 炮六进六 　　炮5退1
3. 车三退一
连将杀,红胜。

第 176 局

着法(红先胜):

1. 车三平四! 　　将6进1
2. 马七退六 　　将6平5
3. 炮八退一
连将杀,红胜。

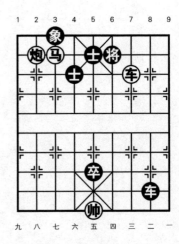

图 176

第177局

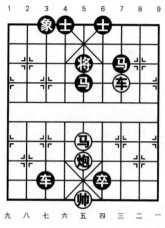

图 177

着法(红先胜)：

1. 马五进六　　将5平4
2. 炮五平六　　马5进4
3. 车三平六

连将杀,红胜。

第178局

着法(红先胜)：

1. 马七退六　　将4平5
2. 车三退一　　士5进6
3. 车三平四

连将杀,红胜。

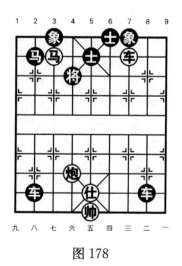

图 178

象棋精妙杀着宝典

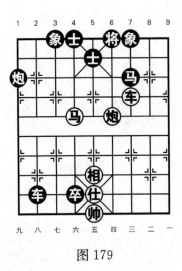

图 179

着法(红先胜)：
1. 马六进四　　炮1平6
2. 马四进六　　炮6平5
3. 车三平四　　士5进6
4. 车四进一
连将杀,红胜。

着法(红先胜)：
1. 马六进七　　将4进1
2. 车七进二　　将4进1
3. 车七退一！　将4退1
4. 车七平六
连将杀,红胜。

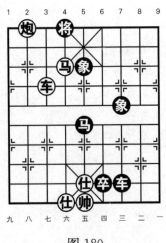

图 180

第 181 局

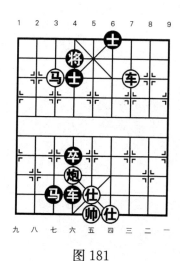

图 181

着法(红先胜)：

1. 车三进一　　士 6 进 5
2. 马七进八　　将 4 退 1
3. 车三进一　　士 5 退 6
4. 车三平四
连将杀,红胜。

第 182 局

着法(红先胜)：

1. 马七进六　　将 5 平 4

黑如改走将 5 退 1,红则马六进七,将 5 平 4,车三平六,连将杀,红胜。

2. 马六进八　　将 4 平 5
3. 车三进二　　将 5 退 1
4. 马八进七
连将杀,红胜。

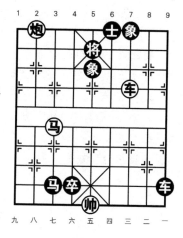

图 182

第 183 局

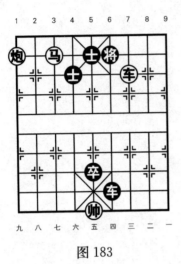

图 183

着法(红先胜)：

1. 马七退五　　士 5 退 4
2. 马五进六　　将 6 平 5
3. 车三平五　　将 5 平 4
4. 马六退八

连将杀,红胜。

 第 184 局

着法(红先胜)：

1. 车三退一　　士 5 进 6
2. 马五进七　　将 5 平 4
3. 车三平四　　象 7 进 5
4. 车四平五

连将杀,红胜。

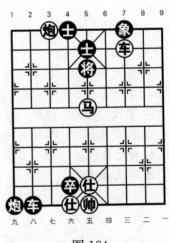

图 184

第 185 局

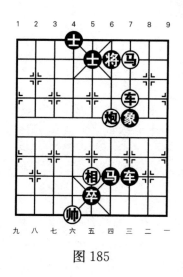

图 185

第一种着法(红先胜)：

1. 马三退四　　士 5 进 6
2. 车三进二!　　将 6 退 1
3. 马四进六　　士 6 退 5
4. 车三进一

连将杀,红胜。

第二种着法(红先胜)：

1. 车三平四　　士 5 进 6
2. 车四平五　　士 6 退 5
3. 马三退四　　士 5 进 6
4. 马四进二

连将杀,红胜。

第 186 局

着法(红先胜)：

1. 马四退六　　将 5 退 1
2. 马六进七　　将 5 平 4
3. 车三平四　　将 4 进 1
4. 马七退六

连将杀,红胜。

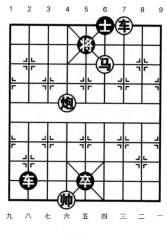

图 186

第 187 局

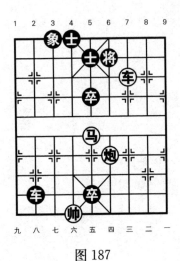

图 187

着法(红先胜)：
1. 马五进四　　士5进6
2. 车三平四　　将6平5
3. 车四进一　　将5进1
4. 炮四平五

连将杀,红胜。

第 188 局

着法(红先胜)：
1. 车三退一　　将5退1
2. 马六退五　　士4退5
3. 车三进一　　炮6退2
4. 车三平四

连将杀,红胜。

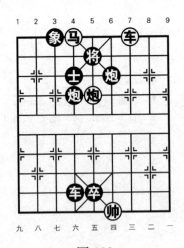

图 188

第 189 局

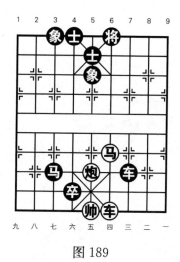

图189

着法(红先胜)：

1. 马四进五　　士 5 进 6
2. 车四进七　　将 6 平 5
3. 马五进六

连将杀, 红胜。

第 190 局

着法(红先胜)：

1. 车四进三　　将 5 进 1
2. 马四进六　　将 5 平 4
3. 炮四平六

连将杀, 红胜。

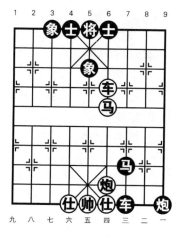

图190

第191局

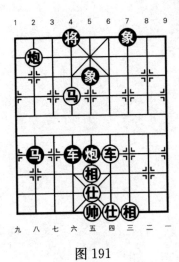

图191

着法(红先胜)：

1. 车四进六　　将4进1

2. 马六进七　　将4进1

3. 车四平六

连将杀,红胜。

第192局

着法(红先胜)：

1. 车四退一　　将6平5

2. 马八退七　　将5平4

3. 车四平六

连将杀,红胜。

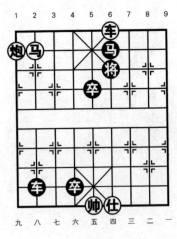

图192

第193局

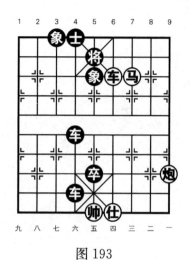

图193

着法(红先胜)：

1. 车四平五！　　将5平6
2. 马三进二　　将6退1
3. 炮一进七
连将杀,红胜。

第194局

着法(红先胜)：

1. 车四进一　　将5进1
2. 马七进六　　将5平4
3. 车四平六
连将杀,红胜。

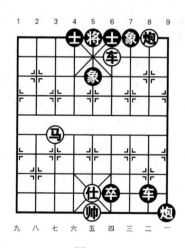

图194

第 195 局

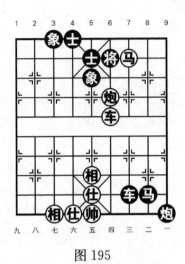

图 195

着法(红先胜):

1. 炮四平二　　士 5 进 6
2. 炮二进二　　将 6 退 1
3. 车四进二

连将杀,红胜。

第 196 局

着法(红先胜):

1. 马四进三　　将 6 平 5
2. 车四进七　　将 5 进 1
3. 车四平六

连将杀,红胜。

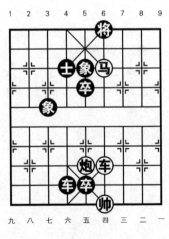

图 196

第 197 局

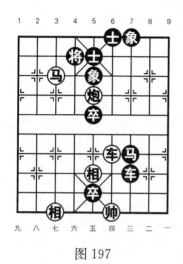

图 197

着法(红先胜)：

1. 车四平六　　士 5 进 4
2. 马七进八　　将 4 退 1
3. 车六进四

连将杀,红胜。

第 198 局

着法(红先胜)：

1. 车四平五！　　将 5 平 6
2. 车五进一　　　将 6 进 1
3. 炮二退二

连将杀,红胜。

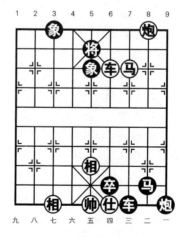

图 198

第199局

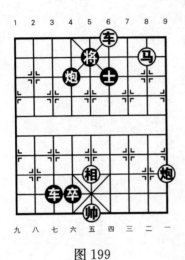

图199

着法(红先胜)：

1. 炮一进六　　将5进1

2. 车四平五　　士6退5

3. 车五退一

连将杀,红胜。

 第200局

着法(红先胜)：

1. 车四进五　　将5进1

2. 马八退七　　车4退4

3. 车四退一！　将5退1

4. 炮六平五！

连将杀,红胜。

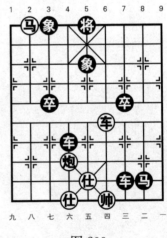

图200

第 201 局

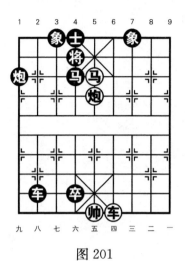

图 201

着法(红先胜):

1. 车四进八　　士4进5
2. 车四平五　　将4退1
3. 车五进一　　将4进1
4. 车五平六

连将杀,红胜。

第 202 局

着法(红先胜):

1. 马五进三　　象5退3
2. 车四平五　　象3进5
3. 车五进一

连将杀,红胜。

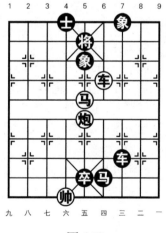

图 202

第 203 局

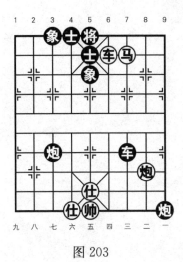

图 203

着法(红先胜)：

1. 车四平五！ 　将5平6

2. 车五进一 　　将6进1

3. 炮二进六 　　将6进1

4. 车五平四

连将杀，红胜。

第 204 局

着法(红先胜)：

1. 车四平五 　　象7进5

黑如改走士4进5，红则马三进四，将5平4，车五平六，士5进4，车六进二，连将杀，红胜；黑又如改走士6进5，红则马三进四，将5平6，炮六平四，连将杀，红胜。

2. 车五进二 　　士4进5

3. 马三进四 　　将5平4

4. 车五平六

连将杀，红胜。

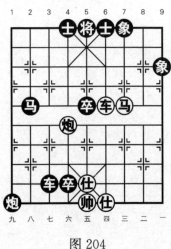

图 204

第 205 局

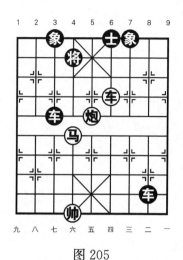

图 205

着法(红先胜)：

1. 车四平六　　将 4 平 5
2. 马六进五!　车 3 平 5
3. 马五进三　　将 5 退 1
4. 车六进三

连将杀,红胜。

第 206 局

着法(红先胜)：

1. 车四进五　　将 4 进 1
2. 车四退一　　将 4 退 1
3. 马三进五

连将杀,红胜。

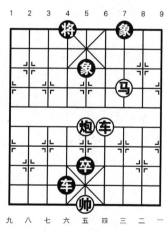

图 206

第 207 局

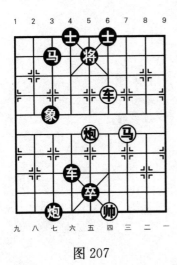

着法(红先胜)：

1. 车四进二　　将5退1
2. 马三进五　　马3进5
3. 马五进六

连将杀,红胜。

图 207

第 208 局

着法(红先胜)：

1. 马二进三　　将5进1
2. 车四进四！　将5退1
3. 车四平六

连将杀,红胜。

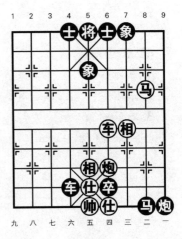

图 208

第 209 局

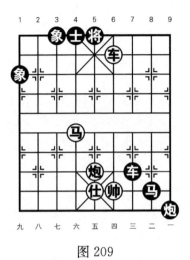

图 209

着法(红先胜)：

1. 马六进五！ 车7平5

2. 车四进一 将5进1

3. 马五进七 将5平4

4. 车四平六

连将杀,红胜。

 第 210 局

着法(红先胜)：

1. 炮五平一 将4进1

黑如改走士4退5,则车四进五,连将杀,红胜;黑又如改走将4平5,则车四进五,将5进1,马五进三,连将杀,红胜。

2. 马五进四 将4平5

3. 车四进四 将5进1

4. 车四平六

连将杀,红胜。

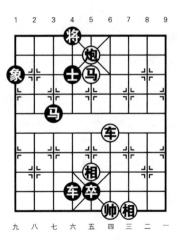

图 210

第 211 局

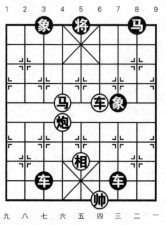

图 211

着法(红先胜):

1. 车四进四　　将 5 进 1

2. 马六进四　　将 5 平 4

黑如改走将 5 进 1,红则车四平五,将 5 平 6,炮六平四,连将杀,红胜。

3. 车四平六!　　将 4 退 1

4. 马四进六

连将杀,红胜。

第 212 局

着法(红先胜):

1. 马六退四　　将 5 进 1

2. 车四平五　　士 4 退 5

3. 车五退一　　将 5 平 4

4. 车五退二

连将杀,红胜。

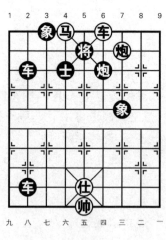

图 212

第 213 局

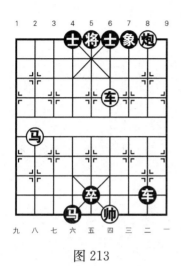

图 213

着法(红先胜)：

1. 车四进三　　将5进1
2. 车四平五　　将5平4
3. 马八进七　　将4进1
4. 车五平六

连将杀,红胜。

第 214 局

着法(红先胜)：

1. 马四退六　　将5进1
2. 马六退四　　将5进1
3. 马四进三　　将5平4
4. 车四平六

连将杀,红胜。

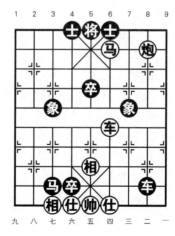

图 214

第215局

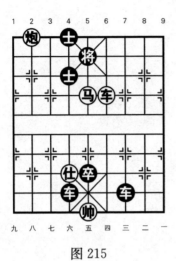

图215

着法(红先胜)：

1. 车四进二　　将5进1
2. 炮八退二　　士4退5
3. 马五进七　　士5进4
4. 马七进六

连将杀,红胜。

第216局

着法(红先胜)：

1. 炮九退一　　车3进1

黑如改走士4进5,红则车五退一,将6退1,车五平四,连将杀,红胜。

2. 马六退五　　将6进1
3. 马五退三!　　车7退4
4. 车五退二

连将杀,红胜。

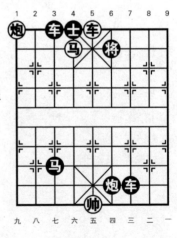

图216

第 217 局

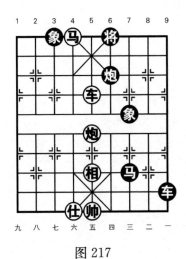

图 217

着法(红先胜)：

1. 车五进三！　　将6进1
2. 车五退二　　　将6退1
3. 车五平四　　　将6平5
4. 马六退五

连将杀,红胜。

第 218 局

着法(红先胜)：

1. 炮二退一　　　士6退5
2. 车五退一　　　将4退1
3. 车五平六　　　将4平5
4. 车六进一

连将杀,红胜。

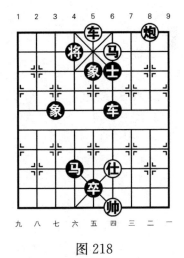

图 218

第 219 局

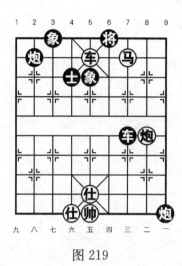

图 219

着法(红先胜)：

1. 车五进一　　将 6 进 1

2. 炮二进四　　将 6 进 1

3. 车五平四　　炮 2 平 6

4. 车四退一

连将杀,红胜。

第 220 局

着法(红先胜)：

1. 车五进三　　将 6 进 1

2. 车五平四!　将 6 退 1

3. 炮七平四　　士 6 退 5

4. 马六进四

连将杀,红胜。

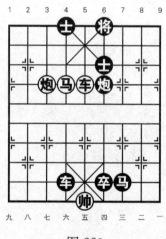

图 220

第 221 局

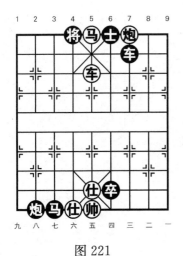

图 221

着法(红先胜):

1. 车五平六　　车7平4
2. 马五退四　　士6进5
3. 车六进一

连将杀,红胜。

第 222 局

着法(红先胜):

1. 马七进六　　士4退5
2. 车五退一　　将6退1
3. 车五退一!　　炮1平4
4. 车五进二

连将杀,红胜。

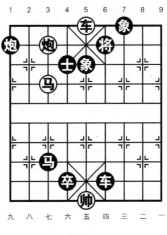

图 222

第 223 局

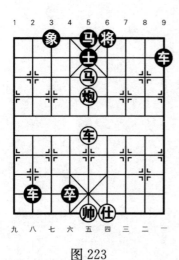

图 223

着法(红先胜)：

1. 车五平四　　车9平6
2. 炮五平四　　车6平9
3. 炮四平六！　车9平6
4. 炮六进三！

连将杀，红胜。

第 224 局

着法(红先胜)：

1. 马三进二　　炮6退5
2. 马二退四　　炮6进9
3. 马四进二　　炮6退9
4. 马二退四

连将杀，红胜。

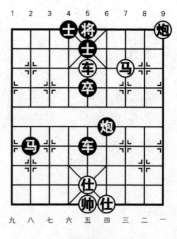

图 224

第 225 局

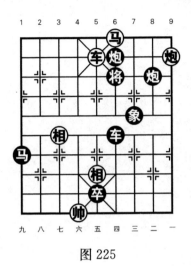

图 225

着法(红先胜)：

1. 车五平四！ 将 6 平 5
2. 车四退四 将 5 退 1
3. 马四退二 将 5 退 1
4. 车四进五

连将杀，红胜。

第 226 局

着法(红先胜)：

1. 车五进一！ 将 6 进 1
2. 车五平三 将 6 平 5
3. 车三退一 将 5 退 1
4. 马六退五

连将杀，红胜。

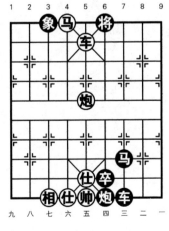

图 226

第 227 局

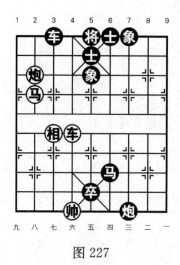

图 227

着法(红先胜)：

1. 炮八进二！　士5退4
2. 马八进七　　将5进1
3. 炮八退一

连将杀,红胜。

第 228 局

着法(红先胜)：

1. 车六平五　　象7进5
2. 车五进一　　士6进5
3. 马八进六

连将杀,红胜。

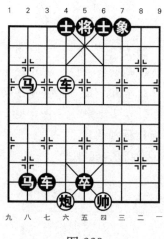

图 228

第 229 局

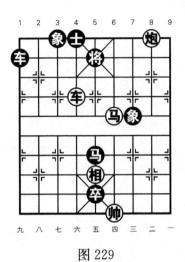

图 229

着法(红先胜)：

1. 马四进三　　将5退1
2. 车六进三！　将5平4
3. 马三进四

连将杀,红胜。

第 230 局

着法(红先胜)：

1. 马七进六　　将5平4
2. 马六进八　　将4平5
3. 车六进三

连将杀,红胜。

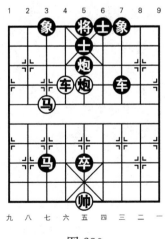

图 230

第231局

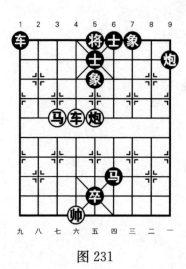

图 231

着法(红先胜)：

1. 马七进六　　将5平4
2. 马六进七　　士5进4
3. 车六进二　　炮9平4
4. 车六进一
连将杀，红胜。

第232局

着法(红先胜)：

1. 车六平五　　将5平6
2. 车五平四　　将6平5
3. 车四平五
连将杀，红胜。

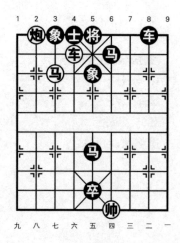

图 232

第 233 局

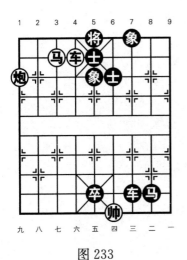

图 233

着法(红先胜)：

1. 车六平五！　　将 5 平 4

2. 车五进一　　　将 4 进 1

3. 炮九进一　　　将 4 进 1

4. 车五平六

连将杀，红胜。

第 234 局

着法(红先胜)：

1. 马一进二　　　将 6 平 5

2. 车六平五！　　将 5 退 1

3. 马二进三

连将杀，红胜。

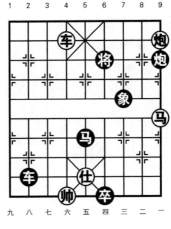

图 234

第 235 局

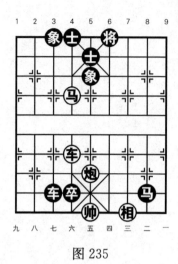

图 235

着法（红先胜）：

1. 车六平四　　将6平5
2. 马六进四　　将5平6
3. 马四进二　　将6平5
4. 车四进六

连将杀，红胜。

第 236 局

着法（红先胜）：

1. 车六进三　　将5退1
2. 马七进五　　象7进5
3. 马五进三　　士6进5
4. 车六平五

连将杀，红胜。

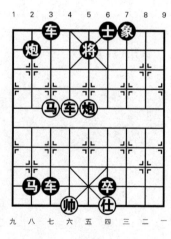

图 236

第 237 局

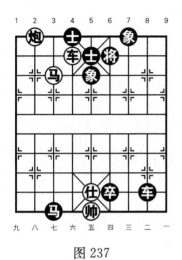

图 237

着法(红先胜)：

1. 马七进六　　将6进1
2. 炮八退二　　象5进3
3. 车六退一　　象3退5
4. 车六平五
连将杀,红胜。

第 238 局

着法(红先胜)：

1. 车六进一　　将6进1
2. 车六平四　　将6平5
3. 马六进七　　将5平4
4. 车四平六
连将杀,红胜。

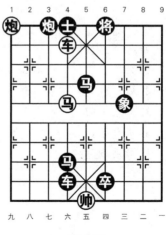

图 238

第 239 局

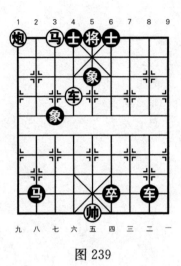

图 239

着法(红先胜)：

1. 车六进三　　将 5 进 1

2. 车六平五　　将 5 平 4

3. 马七退八　　将 4 进 1

4. 车五平六

连将杀，红胜。

　第 240 局

着法(红先胜)：

1. 炮八进二!　　士 5 退 4

2. 马八进七　　将 5 进 1

3. 车六进四　　将 5 退 1

4. 车六平四

连将杀，红胜。

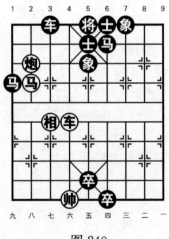

图 240

第 241 局

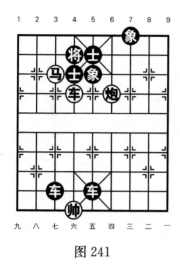

图 241

着法(红先胜)：

1. 炮四进二！　　士 5 进 6
2. 车六进一　　将 4 平 5
3. 车六进一　　将 5 退 1
4. 车六进一

连将杀，红胜。

第 242 局

着法(红先胜)：

1. 马二退四　　将 5 进 1

黑如改走将 5 平 6,红则车六进二,将 6 进 1,马四进二,连将杀,红胜。

2. 马四进三　　将 5 平 6
3. 车六平四

连将杀，红胜。

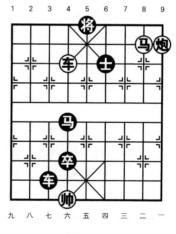

图 242

第 243 局

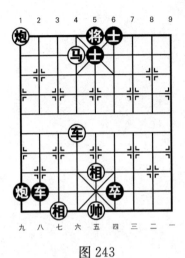

图 243

着法(红先胜)：

1. 马六进八　　士 5 退 4
2. 马八退七　　士 4 进 5
3. 车六进五

连将杀,红胜。

 第 244 局

着法(红先胜)：

1. 车六退一！　　将 5 退 1
2. 车六进一　　将 5 进 1
3. 炮九退一　　将 5 进 1
4. 车六退二

连将杀,红胜。

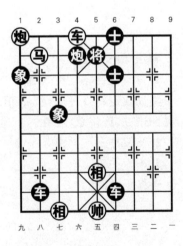

图 244

第 245 局

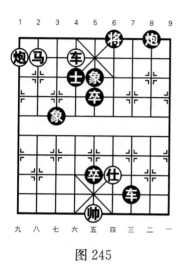

图 245

着法(红先胜)：

1. 车六平四　　将 6 平 5
2. 马八退六　　将 5 平 4
3. 车四进一　　将 4 进 1
4. 马六进八

连将杀，红胜。

 第 246 局

着法(红先胜)：

1. 炮八进五　　士 5 退 4
2. 车六进三　　将 5 进 1
3. 马五进四　　将 5 平 6
4. 车六平四

连将杀，红胜。

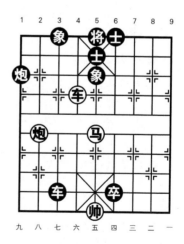

图 246

第 247 局

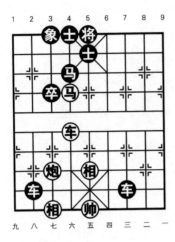

图 247

着法(红先胜)：

1. 炮七进七！　　马 4 退 3
2. 马六进七　　　将 5 平 6
3. 车六平四　　　士 5 进 6
4. 车四进三

连将杀, 红胜。

第 248 局

着法(红先胜)：

1. 车六进四　　　将 5 进 1
2. 马四进五　　　象 3 进 5
3. 马五进三　　　将 5 平 6
4. 车六平四

连将杀, 红胜。

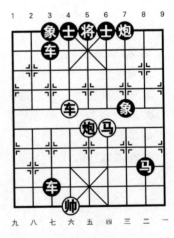

图 248

第 249 局

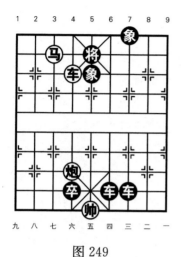

图 249

着法(红先胜)：

1. 车六进一！　　将 5 退 1
2. 车六平四　　　将 5 平 4
3. 马七退五　　　将 4 平 5
4. 炮六平五

连将杀,红胜。

第 250 局

着法(红先胜)：

1. 炮八退二　　　士 5 进 4
2. 车六退二　　　将 5 退 1
3. 车六平五　　　将 5 平 6
4. 车五平四

连将杀,红胜。

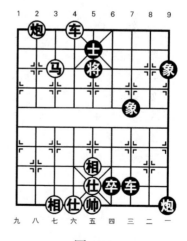

图 250

第 251 局

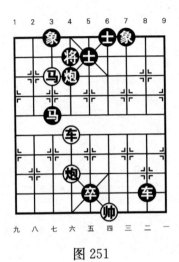

图 251

着法(红先胜)：

1. 车六进三！　　将4进1
2. 马七退六　　　马3进4
3. 马六进四　　　将4平5
4. 马四进三

连将杀,红胜。

　第 252 局

着法(红先胜)：

1. 车六平五　　　将5平4
2. 车五进一　　　将4进1
3. 马六进七　　　将4进1
4. 车五平六

连将杀,红胜。

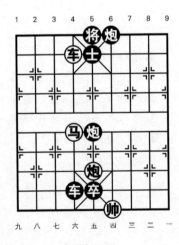

图 252

第 253 局

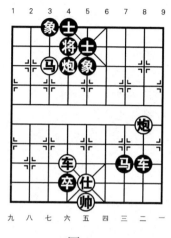

图 253

着法(红先胜):

1. 炮二平六!   炮 4 进 5
2. 马七退六   士 5 进 4
3. 马六进四   士 4 退 5
4. 马四进六!   将 4 进 1
5. 炮六退三   炮 4 平 5
6. 仕五进六

连将杀,红胜。

第 254 局

着法(红先胜):

1. 马四进三   将 5 进 1
2. 马三进四   将 5 退 1
3. 车六退一   将 5 退 1
4. 炮三进九

连将杀,红胜。

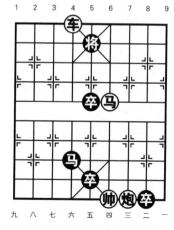

图 254

第 255 局

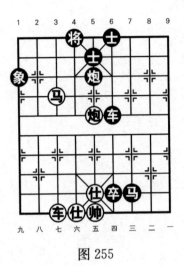

图 255

着法(红先胜)：

1. 马七进八　　将4进1
2. 车七进八　　将4退1
3. 车七平五

连将杀,红胜。

第 256 局

着法(红先胜)：

1. 车七进二　　士5退4
2. 炮八平五　　将5平6
3. 车七平六

连将杀,红胜。

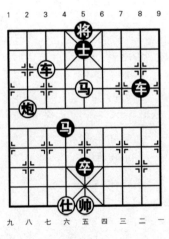

图 256

第 257 局

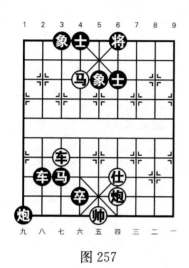

图 257

着法(红先胜)：

1. 仕四退五　　士6退5
2. 车七平四　　士5进6
3. 车四进四

连将杀,红胜。

第 258 局

着法(红先胜)：

1. 炮五平六!　　士5进4

黑如改走车4进2,红则马四进五,将4进1,车七退二,连将杀,红胜。

2. 马四进五　　将4平5
3. 炮六平五

连将杀,红胜。

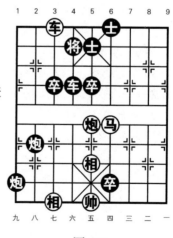

图 258

第 259 局

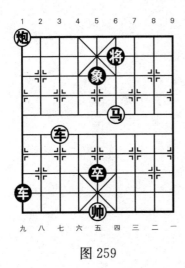

图 259

着法(红先胜)：

1. 车七进四　　将 6 退 1
2. 马四进三　　将 6 平 5
3. 车七进一

连将杀，红胜。

 第 260 局

着法(红先胜)：

1. 马九进八　　象 5 退 3
2. 车七进一　　将 4 进 1
3. 车七平六！

连将杀，红胜。

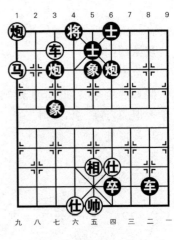

图 260

第 261 局

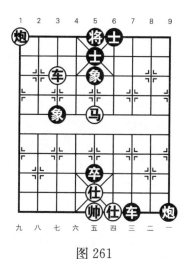

图 261

着法(红先胜)：

1. 车七进二　　士5退4
2. 马五进六　　将5进1
3. 车七退一
连将杀，红胜。

着法(红先胜)：

1. 车七进三　　士5退4
2. 马五进七　　士6进5
3. 车七平六
连将杀，红胜。

第 262 局

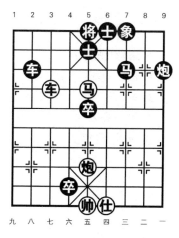

图 262

第 263 局

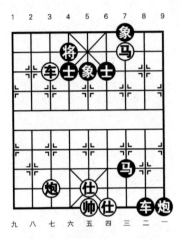

图 263

着法(红先胜)：

1. 炮七平六　　士 4 退 5
2. 车七平六！　将 4 进 1
3. 仕五进六

连将杀,红胜。

第 264 局

着法(红先胜)：

1. 马八进七　　士 5 退 4
2. 马七退六　　将 5 进 1
3. 车七进一

连将杀,红胜。

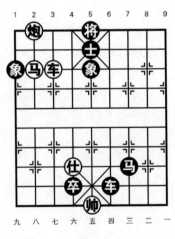

图 264

第 265 局

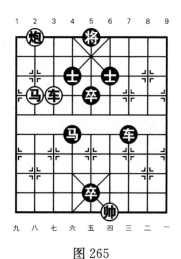

图 265

着法(红先胜):

1. 车七进三　　将 5 进 1
2. 车七退一　　将 5 退 1
3. 马八进六　　将 5 平 4
4. 马六进七

连将杀,红胜。

第 266 局

着法(红先胜):

1. 马六退五　　将 6 进 1
2. 马五退四　　车 7 平 6
3. 车七平四!　　将 6 退 1
4. 马四进三

连将杀,红胜。

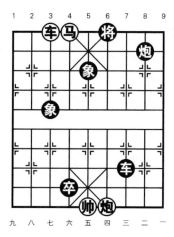

图 266

第 267 局

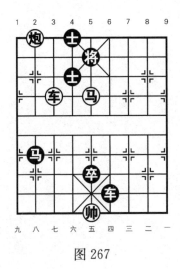

图 267

着法(红先胜)：
1. 车七进二　　将 5 进 1
2. 炮八退二　　士 4 退 5
3. 马五进七　　士 5 进 4
4. 马七退六
连将杀，红胜。

第 268 局

着法(红先胜)：

1. 马六进七　　将 4 进 1
2. 马七进八　　将 4 退 1
3. 车七进三　　将 4 进 1
4. 车七平四
连将杀，红胜。

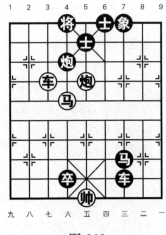

图 268

第 269 局

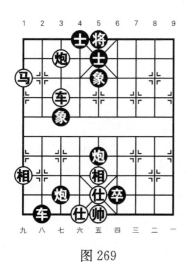

图 269

着法(红先胜):

1. 炮七进一!　　象 5 退 3
2. 马九进七　　将 5 平 6
3. 车七平四　　士 5 进 6
4. 车四进一
连将杀,红胜。

第 270 局

着法(红先胜):

1. 马四进三　　将 5 退 1
2. 马三进四　　将 5 进 1
3. 车七平五　　象 3 进 5
4. 车五进二
连将杀,红胜。

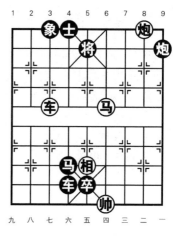

图 270

第271局

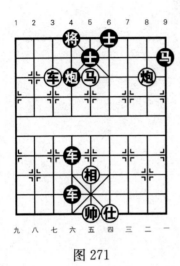

图271

着法(红先胜)：
1. 车七进二　　将4进1
2. 炮二进一　　士5进6
3. 车七退一
连将杀，红胜。

第272局

着法(红先胜)：
1. 车七退三！　后车退2
2. 马八进七　　将5平6
3. 车七平四　　士5进6
4. 车四进一
连将杀，红胜。

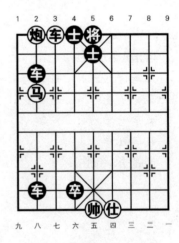

图272

第 273 局

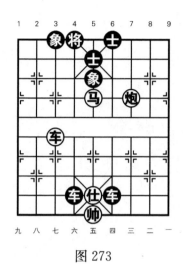

图 273

着法（红先胜）：

1. 炮三进三！　　将 4 进 1
2. 车七进四　　　将 4 进 1
3. 炮三退二　　　士 5 进 6
4. 马五退七

连将杀，红胜。

第 274 局

着法（红先胜）：

1. 马七进八　　　炮 6 平 3
2. 车七进二　　　将 4 退 1
3. 车七进一　　　将 4 进 1
4. 车七平五

连将杀，红胜。

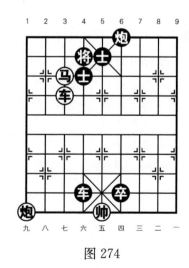

图 274

第 275 局

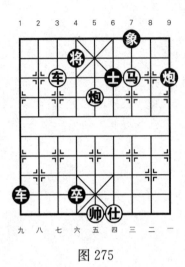

图 275

着法(红先胜)：
1. 马三进四　　将4平5
2. 车七进一　　将5退1
3. 马四退五　　士6退5
4. 车七进一
连将杀,红胜。

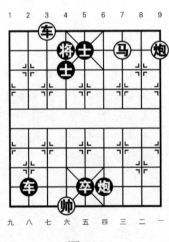 **第 276 局**

着法(红先胜)：
1. 马三退二　　士5退6
2. 马二进四　　将4平5
3. 车七平五　　将5平6
4. 马四进二
连将杀,红胜。

图 276

第 277 局

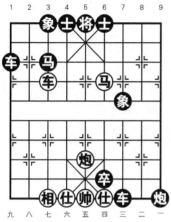

图 277

着法(红先胜)：

1. 车七平五　　象 3 进 5

黑如改走士 4 进 5,红则马四进三,将 5 平 4,车五平六,士 5 进 4,车六进一,连将杀,红胜。

2. 马四进三　　将 5 进 1

3. 车五平八!　　将 5 平 4

4. 车八平六

连将杀,红胜。

第 278 局

着法(红先胜)：

1. 马五进六　　士 5 进 4

2. 马六进四　　士 4 退 5

3. 车七平六　　士 5 进 4

4. 车六进四

连将杀,红胜。

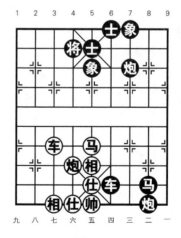

图 278

第 279 局

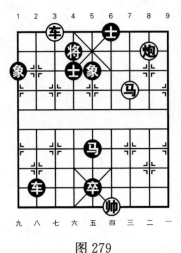

图 279

着法(红先胜)：
1. 车七退一　　将4退1
2. 马三进五　　将4平5

黑如改走士6进5,红则车七平六,将4平5,马五进三,连将杀,红胜。

3. 马五进三　　将5平4
4. 车七平六

连将杀,红胜。

第 280 局

着法(红先胜)：

1. 炮九进二!　　马2退1
2. 车七退一　　将4退1
3. 车七平九　　将4退1
4. 车九进二

连将杀,红胜。

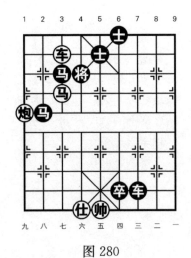

图 280

第281局

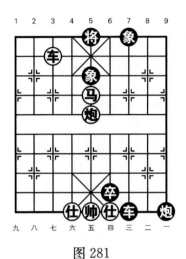

图281

着法(红先胜):

1. 车七进一 　　将5进1
2. 马五进三 　　将5平4
3. 马三进四 　　将4进1
4. 车七退二

连将杀,红胜。

第282局

着法(红先胜):

1. 炮六平五 　　象7进5
2. 马六退四 　　将5平6
3. 炮五平四

连将杀,红胜。

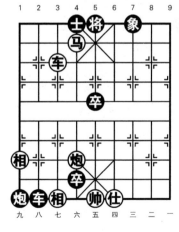

图282

第 283 局

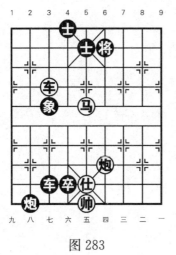

图 283

着法(红先胜):

1. 车七平四　　士 5 进 6
2. 车四平二　　将 6 平 5

黑如改走士 6 退 5,红则车二进二,将 6 退 1,马五进四,连将杀,红胜。

3. 车二进二　　将 5 退 1
4. 马五进四

连将杀,红胜。

第 284 局

着法(红先胜):

1. 马二进三　　士 4 进 5
2. 车八平六!　将 4 进 1
3. 马三退四

连将杀,红胜。

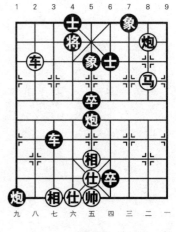

图 284

第 285 局

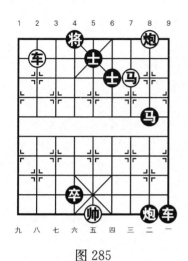

着法(红先胜)：

1. 车八进一！　　将4进1
2. 马三进四！　　士5退6
3. 车八平六

连将杀,红胜。

图 285

第 286 局

着法(红先胜)：

1. 马九进八　　　象5退3
2. 马八退七　　　将4进1
3. 车八进一　　　将4进1
4. 炮九退二

连将杀,红胜。

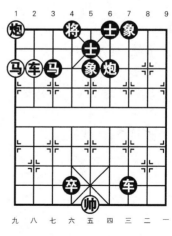

图 286

第 287 局

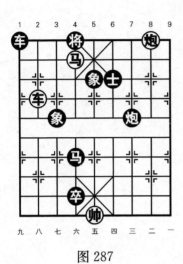

图 287

着法(红先胜)：
1. 马六进四　　炮7退4
2. 马四退五　　将4进1
3. 马五退七　　将4进1
4. 车八进一
连将杀，红胜。

第 288 局

着法(红先胜)：
1. 马五进七　　将4平5
2. 车八进三　　后马退3
3. 车八平七
连将杀，红胜。

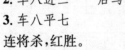

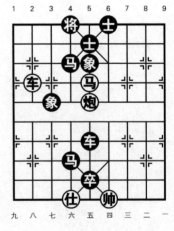

图 288

第 289 局

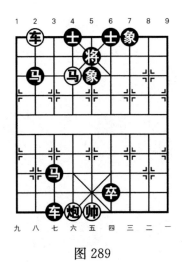

图 289

着法(红先胜):

1. 车八退一　　马 2 退 4
2. 车八平六　　将 5 退 1
3. 车六平四
连将杀,红胜。

第 290 局

着法(红先胜):

1. 马三进四　　将 4 平 5
2. 车八进一　　将 5 退 1
3. 马四退五
连将杀,红胜。

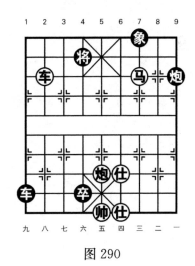

图 290

第 291 局

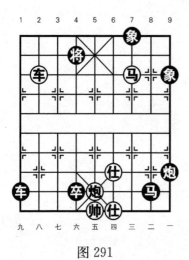

图 291

着法（红先胜）：

1. 马三进四　　将4平5

2. 车八平五　　将5平6

3. 炮五平四

连将杀，红胜。

第 292 局

着法（红先胜）：

1. 车八平四　　将6平5

2. 炮八进八　　车3退8

3. 马五进七

连将杀，红胜。

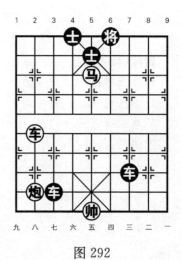

图 292

第 293 局

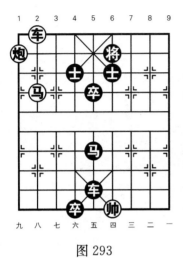

图 293

着法(红先胜)：

1. 马八进六　　将 6 平 5
2. 车八平五　　将 5 平 4
3. 马六进八

连将杀,红胜。

第 294 局

着法(红先胜)：

1. 马六进四　　将 5 进 1
2. 车八进一　　将 5 进 1
3. 炮三进一

连将杀,红胜。

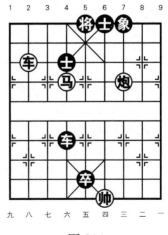

图 294

第 295 局

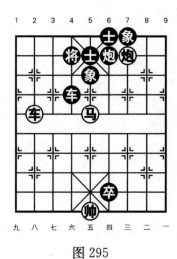

图 295

着法(红先胜)：

1. 马五进七！　　车 4 平 3

2. 车八平六　　车 3 平 4

3. 车六进一

连将杀,红胜。

第 296 局

着法(红先胜)：

1. 马八退六　　将 5 平 4

2. 马六进七　　将 4 进 1

3. 车八进四

连将杀,红胜。

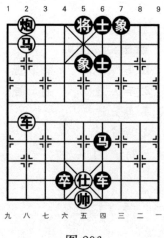

图 296

第 297 局

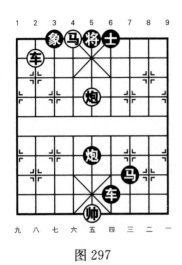

图 297

着法(红先胜):

1. 马六退五　　士 6 进 5
2. 车八平五　　将 5 平 6
3. 车五进一　　将 6 进 1
4. 车五平四

连将杀,红胜。

第 298 局

着法(红先胜):

1. 车八进二　　象 5 退 3
2. 车八平七　　士 5 退 4
3. 车七平六!　　将 5 平 4
4. 马四进六

连将杀,红胜。

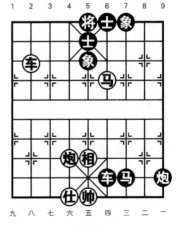

图 298

第 299 局

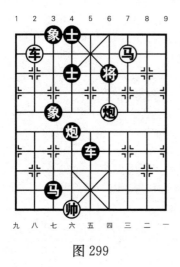

图 299

第一种着法(红先胜)：

1. 马三退四　　将 6 平 5

2. 马四退六　　将 5 平 6

3. 车八平四！　将 6 退 1

4. 马六进四

连将杀,红胜。

第二种着法(红先胜)：

1. 车八平四！　将 6 平 5

2. 车四平六　　将 5 平 6

3. 马三退四　　将 6 平 5

4. 车六退一

连将杀,红胜。

第 300 局

着法(红先胜)：

1. 马五进七　　车 4 进 1

2. 车八进三　　象 1 退 3

3. 车八平七

连将杀,红胜。

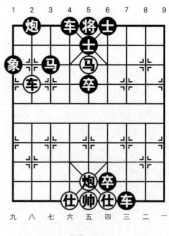

图 300

第 301 局

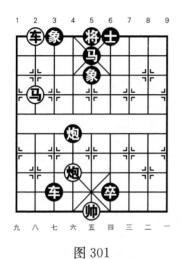

图 301

着法（红先胜）：

1. 马八进六　　将 5 平 4
2. 马六进七　　炮 4 平 5
3. 马七退六

连将杀,红胜。

第 302 局

着法（红先胜）：

1. 马五进六　　炮 3 退 4
2. 马六退七　　炮 3 进 1
3. 车八进一　　炮 3 退 1
4. 车八平七

连将杀,红胜。

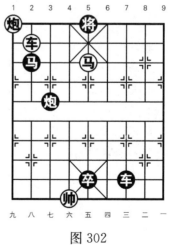

图 302

第 303 局

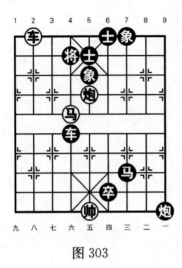

图 303

着法(红先胜)：

1. 车八退一　　将 4 退 1
2. 马六进七　　将 4 平 5
3. 车八进一　　车 4 退 5
4. 车八平六

连将杀,红胜。

第 304 局

着法(红先胜)：

1. 马二进三　　将 5 平 6
2. 马三退四　　将 6 平 5
3. 马四进六　　将 5 平 6
4. 车八平四

连将杀,红胜。

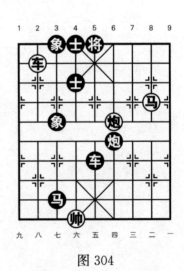

图 304

第 305 局

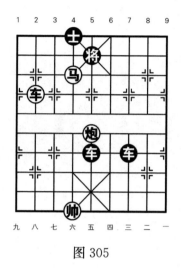

图 305

着法(红先胜)：

1. 马六退四　　将5退1
2. 车八平五　　士4进5
3. 车五进二　　将5平6
4. 炮五平四

连将杀,红胜。

第 306 局

着法(红先胜)：

1. 马五进六　　将5进1
2. 马六退四　　将5退1
3. 马四进三　　将5进1
4. 车八退一

连将杀,红胜。

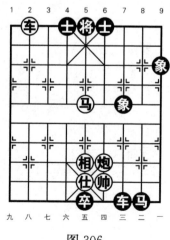

图 306

第 **307** 局

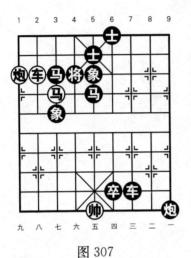

图 307

着法(红先胜)：

1. 车八平七　　将 4 退 1
2. 车七平六！　将 4 进 1
3. 马七进八　　将 4 退 1
4. 炮九进一
连将杀,红胜。

第 **308** 局

着法(红先胜)：

1. 车八退一　　将 5 退 1
2. 马四退三　　象 7 进 5
3. 车八进一　　象 5 退 3
4. 车八平七
连将杀,红胜。

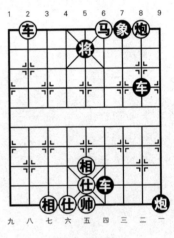

图 308

第309局

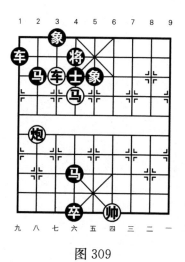

图 309

着法（红先胜）：

1. 车七平六！　　将4平5
2. 车六进一！　　将5退1
3. 马六进四　　　将5平6
4. 炮八平四
连将杀，红胜。

 第310局

着法（红先胜）：

1. 炮一退一　　　士5进6
2. 马二进三　　　士6退5
3. 车八平六！　　将4进1
4. 马三退四
连将杀，红胜。

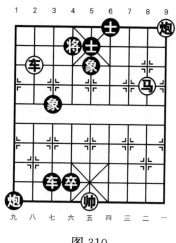

图 310

第311局

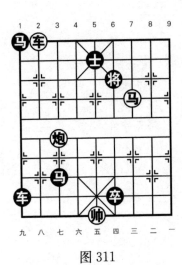

图 311

着法(红先胜)：
1. 马三退五　　将6退1
2. 炮七进四　　士5退4
3. 马五进六　　将6进1
4. 炮七退一
连将杀,红胜。

 第312局

着法(红先胜)：
1. 马三进四　　士4退5
2. 车八平六　　将4平5
3. 马四进二　　炮6退3
4. 马二退四
连将杀,红胜。

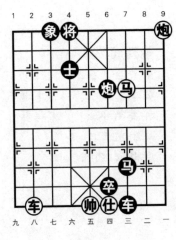

图 312

第 313 局

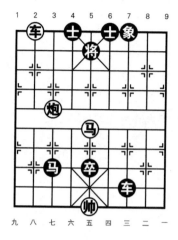

图 313

着法(红先胜)：

1. 马五进四　　将 5 退 1
2. 炮七进四　　士 4 进 5
3. 炮七退二！　士 5 退 4
4. 马四进六　　将 5 进 1
5. 车八退一

连将杀，红胜。

第 314 局

着法(红先胜)：

1. 马四进六　　将 5 平 6
2. 炮五平四　　马 4 进 6
3. 车九进三　　士 5 退 4
4. 车九平六

连将杀，红胜。

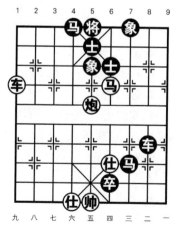

图 314

第 315 局

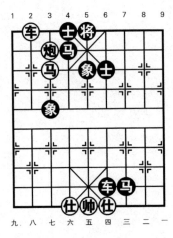

图 315

着法(红先胜)：

1. 炮七进一 　 士 4 进 5
2. 马七进六！ 将 5 平 4
3. 炮七退一

连将杀,红胜。

第 316 局

着法(红先胜)：

1. 马五进六！ 　 将 5 平 4
2. 马六进八 　 炮 7 平 2

黑如改走将 4 平 5,则车九进三,士 5 退 4,车九平六,连将杀,红胜。

3. 车九进三 　 象 5 退 3
4. 车九平七

连将杀,红胜。

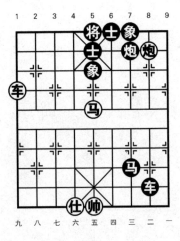

图 316

第 317 局

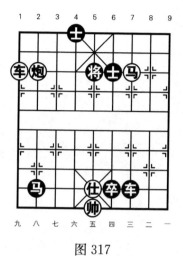

图 317

着法(红先胜):

1. 炮八进二！   将 5 退 1
2. 车九进一   将 5 进 1
3. 马三进四   将 5 平 4
4. 车九退一
连将杀,红胜。

第七章　车马炮兵（双兵）

第318局

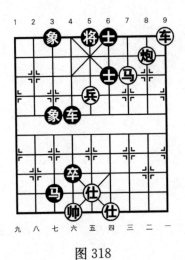

图 318

着法（红先胜）：

1. 炮二进一　　士6进5
2. 马三进四！　将5平6
3. 炮二退三　　将6进1
4. 炮二平四

连将杀，红胜。

第319局

着法（红先胜）：

1. 马三进二　　将6平5
2. 车二进一　　将5进1
3. 兵五进一　　将5平6
4. 车二退一

连将杀，红胜。

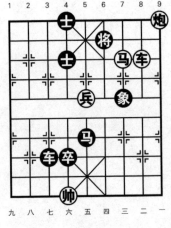

图 319

第 320 局

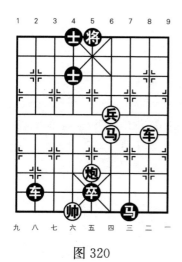

图 320

着法(红先胜)：

1. 兵四平五　　将 5 平 6
2. 车二进五　　将 6 进 1
3. 马四进三　　将 6 进 1
4. 车二退二

连将杀，红胜。

第 321 局

着法(红先胜)：

1. 马五进三　　将 5 平 4
2. 车二平四！　后车退 6
3. 炮五平六　　炮 4 平 7
4. 兵七平六

连将杀，红胜。

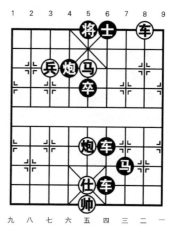

图 321

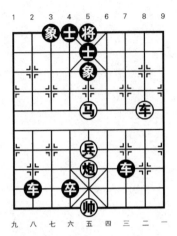

图 322

着法(红先胜)：

1. 车二进四　　象 5 退 7

黑如改走车 7 退 7,红则车二平三,象 5 退 7,马五进四,将 5 平 6,炮五平四,连将杀,红胜。

2. 车二平三!　　车 7 退 7

3. 马五进四　　将 5 平 6

4. 炮五平四

连将杀,红胜。

 第 323 局

着法(红先胜)：

1. 兵七平六!　　将 4 进 1

2. 马二退四　　将 4 进 1

3. 马四进五　　将 4 退 1

4. 车二进八　　将 4 退 1

5. 炮四进九

连将杀,红胜。

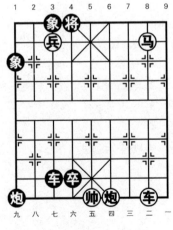

图 323

第 324 局

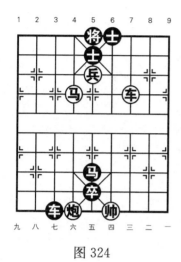

图 324

着法(红先胜):

1. 兵五进一! 　士6进5
2. 车三进三　　士5退6
3. 车三平四

连将杀,红胜。

第 325 局

着法(红先胜):

1. 车三进一　　将4进1
2. 兵四平五!　　将4平5
3. 马三进二

连将杀,红胜。

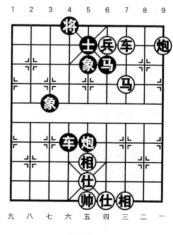

图 325

第 326 局

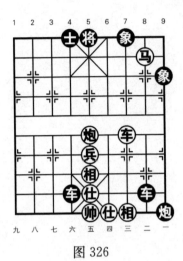

图 326

着法(红先胜):

1. 马二退四　　将5进1
2. 车三进四　　将5进1
3. 马四退五

连将杀,红胜。

第 327 局

着法(红先胜):

1. 炮八退一　　士5进4
2. 马九进七　　士4进5
3. 马七退五　　士5退4
4. 车三退一

连将杀,红胜。

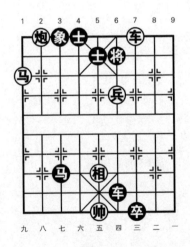

图 327

第 328 局

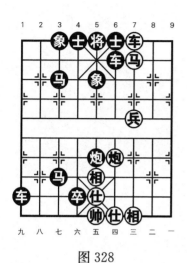

图 328

着法(红先胜):

1. 车三平四！　　将 5 进 1

2. 车四退一！　　将 5 退 1

3. 车四平六　　　将 5 平 6

4. 兵三平四

连将杀,红胜。

第 329 局

着法(红先胜):

1. 车三平四！　　士 5 退 6

2. 马三进二　　　将 6 平 5

3. 炮九平五　　　将 5 平 4

4. 兵八平七

连将杀,红胜。

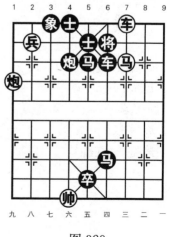

图 329

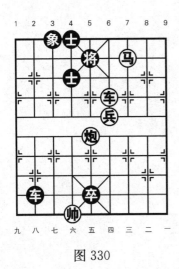

图330

着法(红先胜)：

1. 马三退五！   将 5 平 4

2. 车四进二   士 4 进 5

3. 炮五平六

连将杀,红胜。

着法(红先胜)：

1. 车四进二   士 4 进 5

2. 炮五平六！   将 4 进 1

3. 兵七平六

连将杀,红胜。

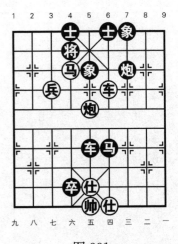

图331

第 332 局

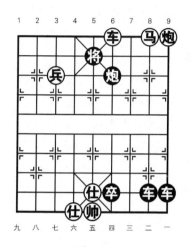

图 332

着法(红先胜):

1. 车四平五　　将5平4
2. 兵七进一　　将4进1
3. 马二退四

连将杀,红胜。

第 333 局

着法(红先胜):

1. 马四进二　　将6平5
2. 炮一进四　　士5退6
3. 车四进四　　将5进1
4. 炮一退一　　将5进1
5. 兵五进一　　将5平4
6. 车四平六

连将杀,红胜。

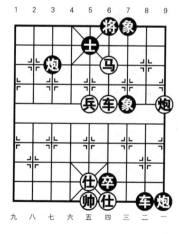

图 333

第334局

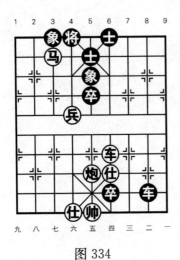

图334

着法(红先胜)：

1. 炮五平六　　士5进4
2. 兵六平五　　士4退5
3. 车四平六　　士5进4
4. 车六进四

连将杀，红胜。

第335局

着法(红先胜)：

1. 兵六平五！　士6退5
2. 车四平五　　将5平4
3. 车五进一　　将4进1
4. 马五进七　　将4进1
5. 车五平六

连将杀，红胜。

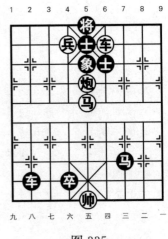

图335

第 336 局

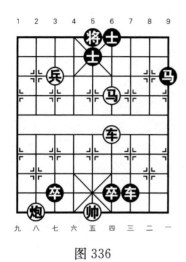

着法(红先胜):

1. 马四进六　　将5平4

2. 炮八平六　　卒3平4

3. 车四进五!　士5退6

4. 马六进四

连将杀,红胜。

图 336

第 337 局

着法(红先胜):

1. 车五进三　　将6进1

2. 炮八退一!　车2退1

黑如改走士4进5,红则车五退一,将6退
1,车五进一,连将杀,红胜。

3. 兵四进一!　将6进1

4. 车五平四

连将杀,红胜。

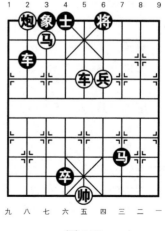

图 337

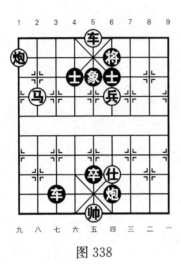

图 338

着法(红先胜)：

1. 兵四进一！ 炮 6 退 6

2. 马八进七 士 4 退 5

3. 车五退一 将 6 退 1

4. 车五进一

连将杀,红胜。

第一种着法(红先胜)：

1. 车五平四 士 5 进 6

2. 车四进一！ 将 6 平 5

3. 车四进一！ 将 5 平 6

4. 兵五平四

连将杀,红胜。

第二种着法(红先胜)：

1. 兵五平四 士 5 进 6

2. 兵四平三 士 6 退 5

黑如改走将 6 平 5,红则车五进一,将 5 平 4,马三进四,连将杀,红胜。

3. 马三退四 士 5 进 6　　4. 马四进六 士 6 退 5

5. 车五平四 士 5 进 6　　6. 车四进一

连将杀,红胜。

图 339

第 340 局

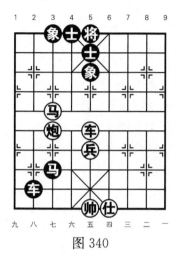

图 340

着法(红先胜)：

1. 炮七进五！　　象 5 退 3

2. 马七进六　　　将 5 平 6

3. 车五平四　　　士 5 进 6

4. 车四进三

连将杀,红胜。

第 341 局

着法(红先胜)：

1. 马六进四　　　将 5 平 4

2. 车五平六！　　士 5 进 4

3. 炮八平六　　　士 4 退 5

4. 兵七平六

连将杀,红胜。

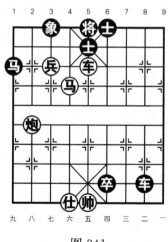

图 341

第342局

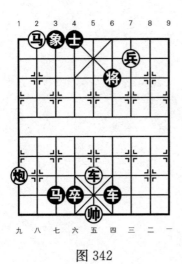

图342

着法(红先胜):

1. 车五进五！　　象3进5
2. 马八退六　　　士4进5
3. 炮九进五　　　象5进3
4. 马六退八！　　象3退1
5. 马八退六

连将杀,红胜。

第343局

着法(红先胜):

1. 车五退一！　　士6退5
2. 马四退五　　　将4退1
3. 炮一进一　　　士5退6
4. 兵三平四

连将杀,红胜。

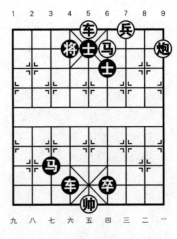

图343

第 344 局

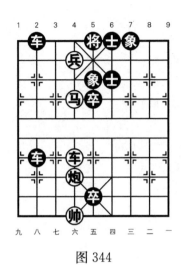

图 344

着法(红先胜)：

1. 兵六平五！　　士 6 进 5

2. 马六进七　　　将 5 平 6

3. 炮六平四

连将杀,红胜。

第 345 局

着法(红先胜)：

1. 炮六退六　　　士 5 进 4

2. 车六进一！　　将 4 进 1

3. 兵五平六

连将杀,红胜。

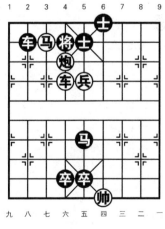

图 345

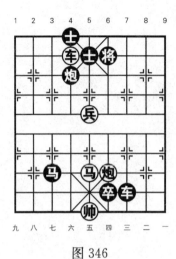

图 346

着法(红先胜)：

1. 马五进四　炮 4 平 6
2. 马四进三　炮 6 平 7
3. 兵五平四

连将杀，红胜。

着法(红先胜)：

1. 兵六平五！　士 6 退 5
2. 马四进六　将 5 平 4
3. 马六进八　将 4 平 5
4. 车六进五

连将杀，红胜。

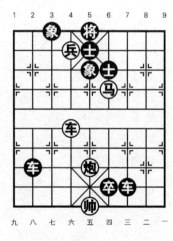

图 347

第 348 局

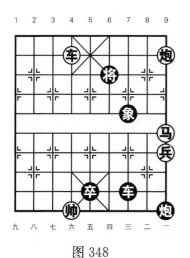

图 348

着法(红先胜):

1. 马一进二　　将6平5
2. 马二进三　　将5平6
3. 车六退一　　象7退5
4. 车六平五

连将杀,红胜。

第 349 局

着法(红先胜):

1. 兵五进一!　　将5进1
2. 车六进三　　将5退1
3. 车六平五!　　将5进1
4. 马七进五

连将杀,红胜。

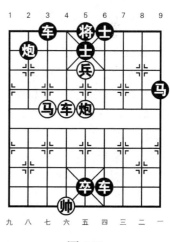

图 349

第 350 局

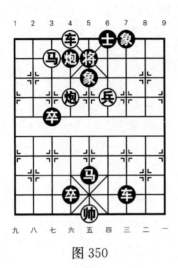

图 350

着法（红先胜）：

1. 炮六平五　　将 5 平 6
2. 兵四进一！　将 6 进 1
3. 车六平四　　炮 4 平 6
4. 马七进五

连将杀，红胜。

第 351 局

着法（红先胜）：

1. 车六平五　　将 5 平 6
2. 车五进一　　将 6 进 1
3. 兵四进一！　将 6 进 1
4. 车五平四

连将杀，红胜。

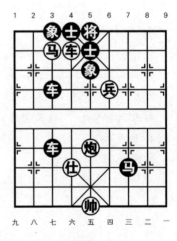

图 351

第 352 局

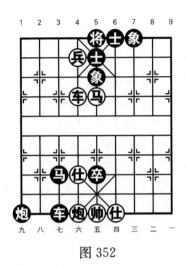

图 352

着法（红先胜）：

1. 兵六进一！　　士 5 退 4

2. 车六进三　　将 5 进 1

3. 马五进三　　将 5 平 6

4. 车六平四

连将杀，红胜。

第 353 局

着法（红先胜）：

1. 兵四平五！　　将 5 进 1

黑如改走士 4 进 5，红则炮八进一，士 5 退 4，车六进三，将 5 进 1，车六退一，连将杀，红胜。

2. 车六进二　　将 5 退 1

3. 车六进一！　　将 5 平 4

4. 炮八进一

连将杀，红胜。

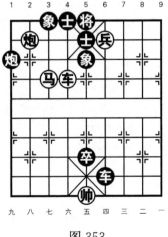

图 353

第 354 局

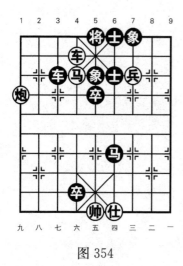

图 354

着法(红先胜)：

1. 车六进一！ 　将5进1

2. 车六平五 　　将5平4

3. 炮九平六！ 　将4进1

4. 车五平六

连将杀,红胜。

第 355 局

着法(红先胜)：

1. 炮三进六！ 　象5退7

2. 马二进三 　　马4退6

3. 兵六进一

连将杀,红胜。

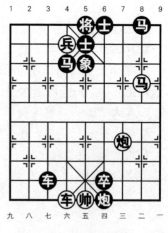

图 355

第 356 局

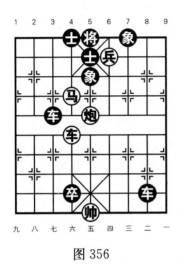

图 356

着法（红先胜）：

1. 兵四进一！　　将 5 平 6

2. 车六平四　　将 6 平 5

3. 马六进四　　将 5 平 6

4. 马四进二　　将 6 平 5

5. 车四进五

连将杀，红胜。

第 357 局

着法（红先胜）：

1. 马五进四！　　将 5 进 1

2. 炮二退一　　将 5 退 1

3. 车七平六！　　将 5 平 4

4. 炮二进一

连将杀，红胜。

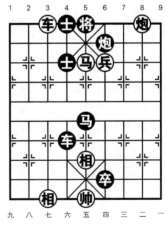

图 357

第 358 局

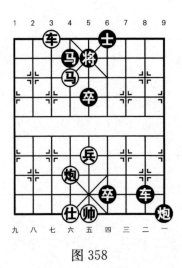

图 358

着法(红先胜)：

1. 马六退四　　将5平6
2. 炮六平四　　马4进6
3. 车七退一　　士6进5
4. 马四进二

连将杀,红胜。

第 359 局

着法(红先胜)：

1. 马七进五!　　车7平5

黑如改走士6进5,红则车七进五,将4进1,兵四平五,连将杀,红胜。

2. 车七进五　　将4进1
3. 兵四平五!　　士6进5
4. 炮五平六

连将杀,红胜。

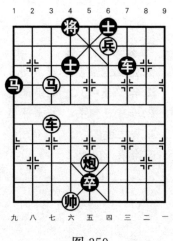

图 359

第 360 局

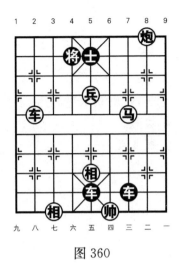

图 360

着法(红先胜):

1. 炮二退一　　士 5 进 6
2. 马三进四　　将 4 平 5
3. 车八进三
连将杀,红胜。

第 361 局

着法(红先胜):

1. 车八进六!　将 5 进 1
2. 马五进三!　将 5 平 4
3. 马三进四
连将杀,红胜。

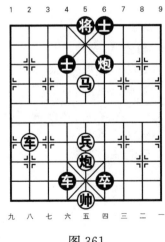

图 361

第 362 局

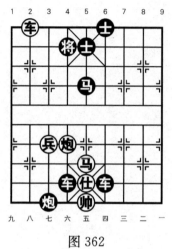

图 362

着法(红先胜):

1. 马五进六！　　车 4 退 2

黑如改走士 5 进 4,红则马六进五,将 4 平 5,炮六平五,连将杀,红胜。

2. 马六进五　　　将 4 进 1

3. 车八退二

连将杀,红胜。

第 363 局

着法(红先胜):

1. 马六进七　　　将 4 平 5

2. 炮六平五　　　士 5 进 4

3. 兵四平五　　　士 6 进 5

4. 车八进一

连将杀,红胜。

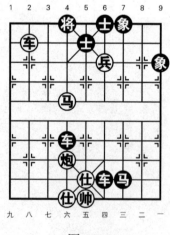

图 363

第 364 局

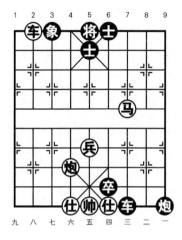

图 364

着法(红先胜)：

1. 车八平七　　士 5 退 4

2. 炮六平五　　士 6 进 5

3. 马三进四　　将 5 平 6

4. 炮五平四

连将杀，红胜。

第 365 局

着法(红先胜)：

1. 车八平六　　将 6 进 1

2. 马四进五　　将 6 平 5

3. 马五进三　　将 5 平 6

4. 车六平四

连将杀，红胜。

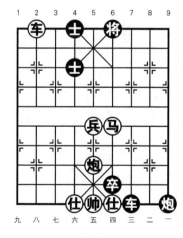

图 365

185

第 366 局

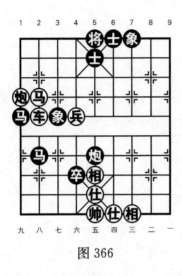

图 366

着法（红先胜）：

1. 马八进七　　将5平4
2. 车八进四　　将4进1
3. 炮九进二　　将4进1
4. 兵六进一

连将杀，红胜。

第 367 局

着法（红先胜）：

1. 兵七进一　　将4退1
2. 炮八进一！　炮3平7
3. 兵七进一　　将4进1
4. 车八进二

连将杀，红胜。

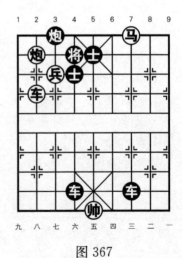

图 367

第 368 局

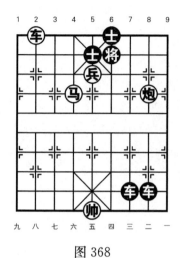

图 368

着法(红先胜):

1. 兵五平四！ 士5进6

2. 车八平四！ 将6退1

3. 炮二平四 士6退5

4. 马六进四

连将杀,红胜。

第 369 局

着法(红先胜):

1. 马三退五！ 将5进1

2. 车四平五 将5平6

3. 兵四进一 将6退1

4. 炮五平四

连将杀,红胜。

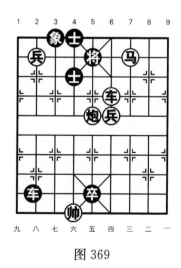

图 369

象棋精妙杀着宝典

 第 370 局

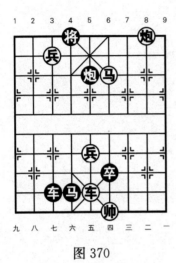

图 370

着法（红先胜）：

1. 马四进三　　炮5退2
2. 马三退五　　炮5进6
3. 马五进三　　炮5退6
4. 车五平六！　车3平4
5. 马三退五

连将杀，红胜。

188

第八章 车 双 马

第 371 局

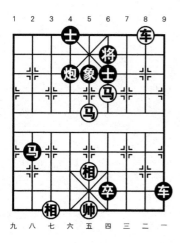

图 371

着法(红先胜)：

1. 马四进二 　将6平5
2. 车二退一 　将5退1
3. 马五进六 　将5平6
4. 车二平四

连将杀,红胜。

第 372 局

着法(红先胜)：

1. 马八进六 　将5进1
2. 车三进四 　车6退7
3. 车三平四

连将杀,红胜。

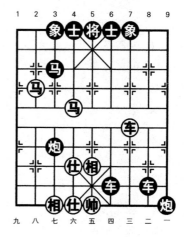

图 372

第 373 局

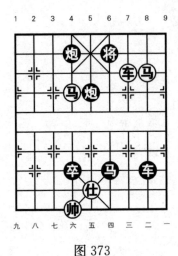

图 373

着法(红先胜)：

1. 车三进一　　将 6 进 1
2. 马二退三　　将 6 平 5
3. 车三退一

连将杀，红胜。

第 374 局

着法(红先胜)：

1. 马七进六　　将 6 平 5
2. 马八进七　　将 5 平 4
3. 车三退一　　将 4 进 1
4. 马六退八

连将杀，红胜。

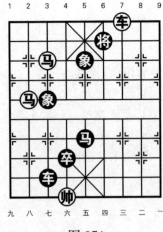

图 374

第375局

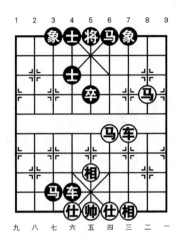

图 375

着法（红先胜）：

1. 马二进四　　将 5 进 1
2. 车三进四　　将 5 进 1
3. 后马进三　　将 5 平 6
4. 车三平四

连将杀，红胜。

第376局

着法（红先胜）：

1. 马八进七　　将 5 平 6
2. 马三进二　　将 6 进 1
3. 车三进四　　将 6 退 1
4. 车三平五

连将杀，红胜。

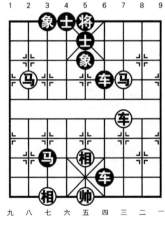

图 376

第377局

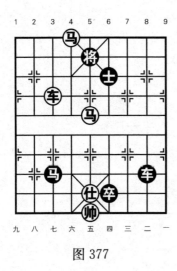

图 377

着法(红先胜)：

1. 车七进二　　将5退1

2. 马五进四！　将5平6

3. 马六退五

连将杀,红胜。

第378局

着法(红先胜)：

1. 马六退四　　将5进1

2. 车七进二　　将5进1

3. 后马进三　　将5平6

4. 车七平四

连将杀,红胜。

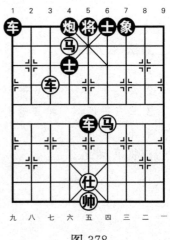

图 378

第 379 局

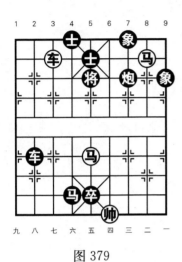

图 379

着法(红先胜)：

1. 马二退三　　将 5 平 4

2. 马三退五　　将 4 平 5

3. 后马进六

连将杀,红胜。

第 380 局

着法(红先胜)：

1. 车八平六　　将 4 平 5

2. 马五进三　　马 9 退 7

3. 马二进三

连将杀,红胜。

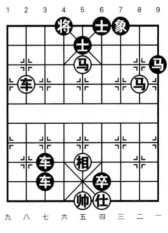

图 380

第 381 局

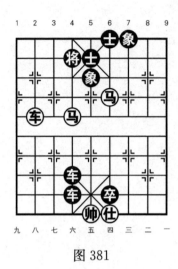

图 381

着法(红先胜)：

1. 车八进三　　将4退1
2. 马六进七　　将4平5
3. 马四进三

连将杀,红胜。

第 382 局

着法(红先胜)：

1. 马五进四　　将5退1
2. 车八进一　　将5退1
3. 马二退四　　将5平4
4. 车八平六

连将杀,红胜。

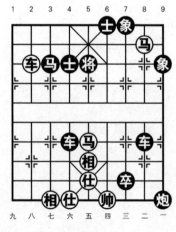

图 382

第 383 局

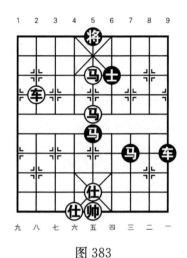

图 383

着法(红先胜)：

1. 后马进四　　将 5 进 1
2. 马四进三！　将 5 平 4
3. 马五退七　　将 4 退 1
4. 车八进三
连将杀,红胜。

第 384 局

着法(红先胜)：

1. 马二进四　　将 4 平 5
2. 车八进三　　将 5 退 1
3. 马七进六！　将 5 平 6
4. 车八进一
连将杀,红胜。

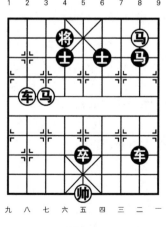

图 384

第 385 局

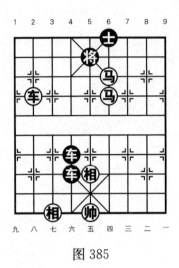

图 385

着法(红先胜):

1. 前马退六　　将 5 平 4
2. 车八进二　　将 4 退 1
3. 车八进一　　将 4 进 1
4. 马六进八

连将杀,红胜。

第 386 局

着法(红先胜):

1. 马八进六　　将 6 进 1

黑另有以下两种应着:

(1)将 6 平 5,马五进七,将 5 退 1,马六退五,连将杀,红胜。

(2)将 6 退 1,马五进三,将 6 平 5,马六退五,连将杀,红胜。

2. 马五退三!　　象 5 进 7
3. 车九退二　　象 7 退 5
4. 车九平五

连将杀,红胜。

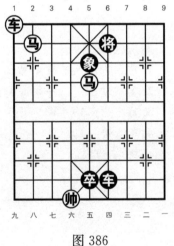

图 386

第 387 局

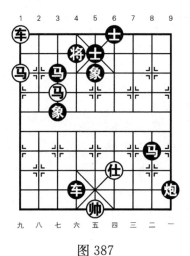

图 387

着法(红先胜)：

1. 马九进八　　将 4 退 1

2. 马八退七　　将 4 进 1

3. 前马退九　　将 4 进 1

4. 马九进八

连将杀，红胜。

 第 388 局

着法(红先胜)：

1. 车九进三　　象 5 退 3

黑如改走士 5 退 4,红则马四进六,将 5 进 1,车九退一,连将杀,红胜。

2. 车九平七　　士 5 退 4

3. 马四进六　　将 5 进 1

4. 车七退一

连将杀，红胜。

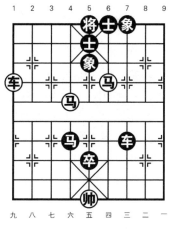

图 388

第九章 车双马兵

第389局

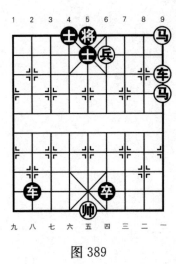

图 389

着法(红先胜):

1. 兵四进一!　　将5平6
2. 车一平四!　　士5进6
3. 后马进二　　　将6进1
4. 马一退二

连将杀,红胜。

第390局

着法(红先胜):

1. 车四进一　　　将5进1
2. 马八进七　　　马3退4
3. 车四平五　　　将5平4
4. 马七进八

连将杀,红胜。

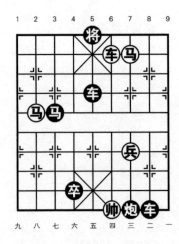

图 390

第 391 局

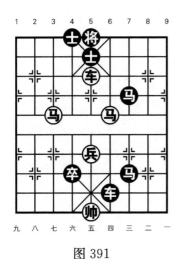

图 391

着法(红先胜):

1. 马七进六　　将 5 平 6
2. 车五平四!　　士 5 进 6
3. 马四进三

连将杀,红胜。

第 392 局

着法(红先胜):

1. 车七进一　　将 6 进 1
2. 马四进二　　将 6 进 1
3. 车七平四!

连将杀,红胜。

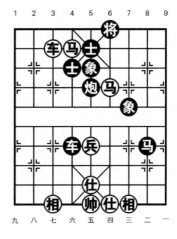

图 392

第 393 局

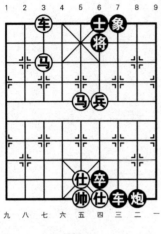

图 393

着法(红先胜)：

1. 马七进六　　将 6 平 5

2. 车七退一　　将 5 退 1

3. 马五进四　　将 5 平 4

4. 车七进一

连将杀,红胜。

第十章 车 双 炮

第 394 局

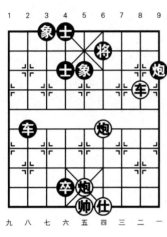

图 394

着法(红先胜)：

1. 车二平四 　　炮 9 平 6
2. 车四进一！　将 6 进 1
3. 炮五平四

连将杀,红胜。

第 395 局

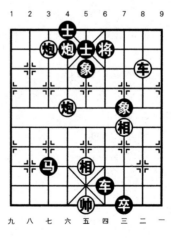

图 395

着法(红先胜)：

1. 车二进一 　　将 6 进 1
2. 炮六进二！　士 5 进 4
3. 车二退一

连将杀,红胜。

第 396 局

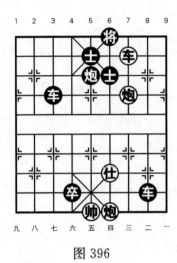

图 396

着法(红先胜):

1. 车三进一　　将6进1
2. 炮三平四!　　车3平6
3. 炮四进六

连将杀,红胜。

第 397 局

着法(红先胜):

1. 炮二进三　　炮6进2
2. 车三进三　　炮6退2
3. 车三平四

连将杀,红胜。

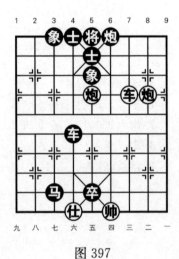

图 397

第 398 局

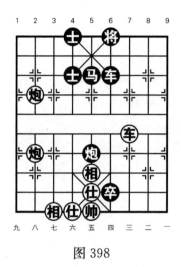

图 398

着法(红先胜)：

1. 前炮进三　　士4进5
2. 车三进五　　将6进1
3. 后炮进五　　士5退4
4. 车三退一

连将杀,红胜。

第 399 局

着法(红先胜)：

1. 炮二进五　　将5进1
2. 车三进四　　将5进1
3. 炮二退二　　士6退5
4. 炮一退二

连将杀,红胜。

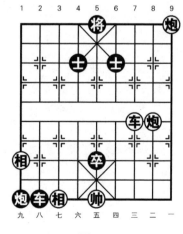

图 399

第 **400** 局

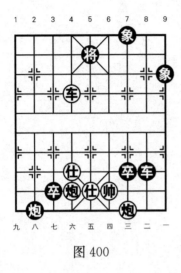

图 400

着法(红先胜)：
1. 车六平五　　象7进5
2. 车五进一!　将5进1
3. 炮三平五
连将杀，红胜。

第 **401** 局

着法(红先胜)：
1. 车六进三　　将6进1
2. 炮八退一　　将6进1
3. 车六平四
连将杀，红胜。

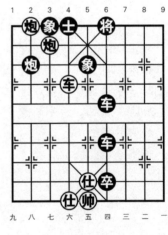

图 401

第 402 局

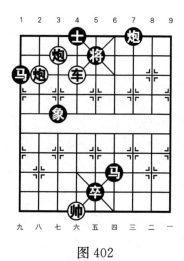

图 402

着法(红先胜):

1. 车六进一　　将5退1
2. 炮七进一　　士4进5
3. 车六进一
连将杀,红胜。

第 403 局

着法(红先胜):

1. 炮六进一　　炮3退1
2. 炮六平四!　　士5退4
3. 车六进五　　将5进1
4. 车六退一
连将杀,红胜。

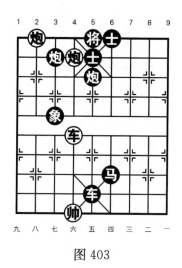

图 403

第 404 局

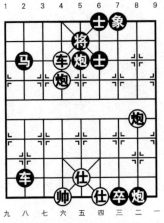

图 404

着法(红先胜):

1. 炮六平五　　炮 5 进 6

黑如改走将 5 平 6,红则炮二平四,士 6 退 5,炮五平四,连将杀,红胜。

2. 车六平五!　　将 5 平 6

3. 炮五平四　　士 6 退 5

4. 炮二平四

连将杀,红胜。

第 405 局

着法(红先胜):

1. 车六进二　　将 5 退 1

2. 炮八进三　　象 3 进 1

3. 炮三进五　　士 6 进 5

4. 车六进一

连将杀,红胜。

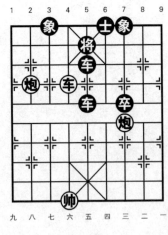

图 405

第 406 局

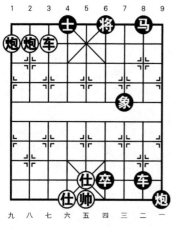

图 406

着法（红先胜）：

1. 车七平四！　　马 8 进 6
2. 炮九进一　　　士 4 进 5
3. 炮八进一

连将杀，红胜。

第 407 局

着法（红先胜）：

1. 车七平六　　　士 5 进 4
2. 车六进三　　　将 4 平 5
3. 炮六平五

连将杀，红胜。

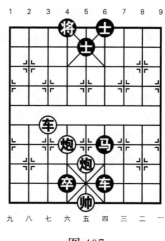

图 407

第 408 局

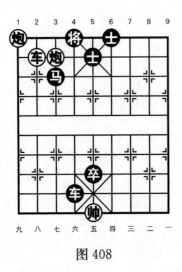

图 408

着法(红先胜)：

1. 炮七进一 　　马3退2
2. 炮七退三 　　马2进4
3. 车八进一

连将杀，红胜。

第 409 局

着法(红先胜)：

1. 车八进九 　　将4进1
2. 车八退一 　　将4退1
3. 炮七进二

连将杀，红胜。

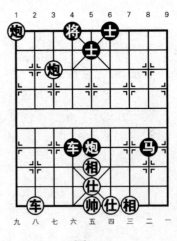

图 409

第 410 局

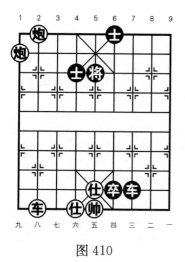

图 410

着法(红先胜)：

1. 炮九退一！　　将5退1

2. 车八进八　　　将5退1

3. 炮九进二

连将杀,红胜。

第 411 局

着法(红先胜)：

1. 车八进六　　　将5退1

2. 炮七进二　　　士4进5

3. 炮二进二

连将杀,红胜。

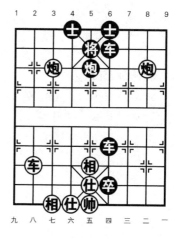

图 411

第 412 局

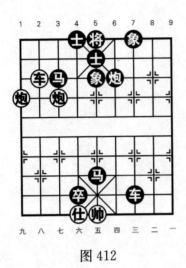

图 412

着法(红先胜)：

1. 炮九进三　　　马 3 退 2
2. 炮七进三！　　象 5 退 3
3. 炮九平七

连将杀，红胜。

第 413 局

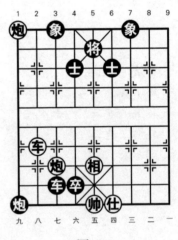

图 413

着法(红先胜)：

1. 车八进五　　　将 5 进 1
2. 炮九退二　　　士 4 退 5
3. 炮七进五

连将杀，红胜。

第 414 局

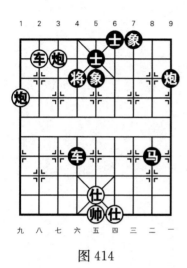

图 414

着法(红先胜)：

1. 车八退一　　将4退1
2. 炮九进二　　将4退1
3. 车八进二　　象5退3
4. 车八平七

连将杀，红胜。

第 415 局

着法(红先胜)：

1. 车九进一！　将4进1
2. 炮四进六　　将4进1
3. 车九平六

连将杀，红胜。

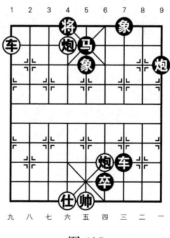

图 415

第416局

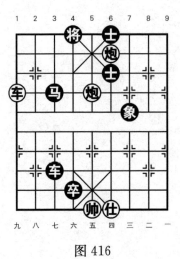

图 416

着法(红先胜):

1. 车九进三　　将 4 进 1

2. 炮五进二　　将 4 进 1

3. 车九平六　　马 3 退 4

4. 车六退一

连将杀,红胜。

第十一章 车双炮兵(双兵)

 第 417 局

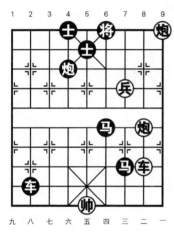

图 417

着法(红先胜):

1. 炮二进五　　将6进1
2. 车二进六　　将6进1
3. 兵三平四

连将杀,红胜。

 第 418 局

着法(红先胜):

1. 车二退一　　将6进1
2. 仕五进四　　将6平5
3. 炮七平五

连将杀,红胜。

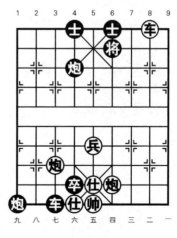

图 418

第 419 局

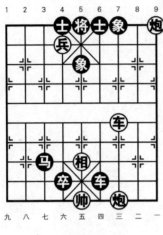

图 419

着法(红先胜)：

1. 炮三进九!　　象 5 退 7

2. 车三平五　　士 4 进 5

3. 车五进四

连将杀,红胜。

第 420 局

着法(红先胜)：

1. 车三平四!　　士 5 退 6

2. 炮三进一　　士 6 进 5

3. 兵四进一

连将杀,红胜。

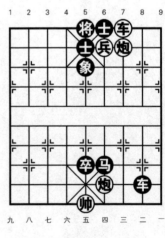

图 420

第 421 局

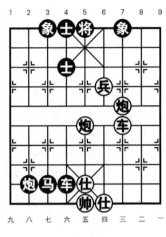

图 421

着法(红先胜):

1. 炮三平五　　将5平6
2. 车三进五　　将6进1
3. 兵四进一!　将6进1
4. 车三平四

连将杀,红胜。

第 422 局

着法(红先胜):

1. 兵六进一!　将5平4
2. 前炮进二!　车1平2
3. 炮八进八

连将杀,红胜。

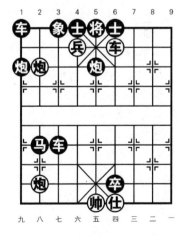

图 422

第 423 局

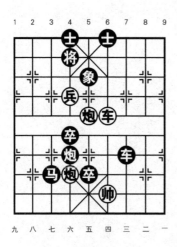

图 423

着法(红先胜):

1. 车四进三　　士4进5

2. 炮五平六!　炮4退2

3. 炮六进三

连将杀,红胜。

第 424 局

着法(红先胜):

1. 炮一进一　　象9退7

2. 兵四进一!　马7退6

3. 车四进七

连将杀,红胜。

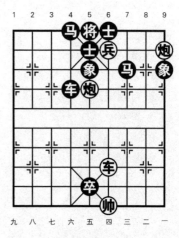

图 424

第 425 局

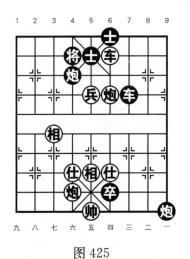

图 425

着法(红先胜)：

1. 仕六退五　　炮 4 平 8
2. 兵五平六　　炮 8 平 4
3. 兵六平七！　炮 4 平 8
4. 炮四平六

连将杀,红胜。

第 426 局

着法(红先胜)：

1. 车五进四　　将 5 平 6
2. 车五进一　　将 6 进 1
3. 兵四进一！　将 6 进 1
4. 车五平四

连将杀,红胜。

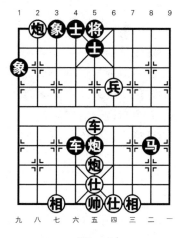

图 426

第 427 局

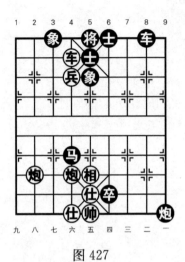

图 427

着法(红先胜)：
1. 炮八进七　　象3进1
2. 车六进一！　将5平4
3. 兵六进一　　将4平5
4. 兵六进一
连将杀,红胜。

 第 428 局

着法(红先胜)：
1. 车七进二　　将4退1
2. 炮三进五　　士6进5
3. 车七进一
连将杀,红胜。

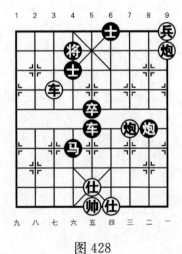

图 428

第429局

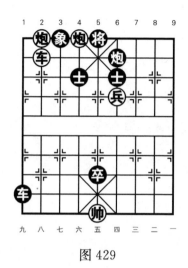

图429

着法(红先胜):

1. 炮六退一　　将5进1
2. 炮六平四　　将5进1
3. 兵四平五

连将杀,红胜。

第430局

着法(红先胜):

1. 兵七进一　　士5退4
2. 兵七平六!　　将5平4
3. 炮七进二

连将杀,红胜。

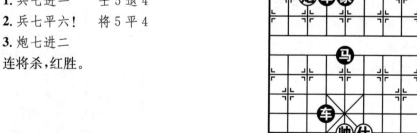

图430

第431局

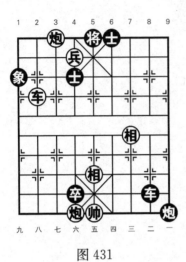

图 431

着法(红先胜)：

1. 车八平五　　士6进5
2. 车五进二！　将5平6
3. 兵六进一　　象1退3
4. 兵六平五

连将杀，红胜。

第432局

着法(红先胜)：

1. 兵四平五！　将5平6
2. 炮五平四　　马6进8
3. 炮三平四

连将杀，红胜。

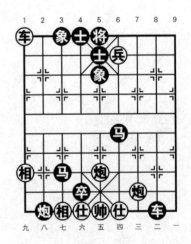

图 432

第 433 局

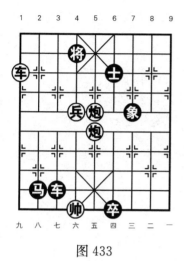

图 433

着法（红先胜）：

1. 车九平六！ 将4进1

2. 兵六进一 将4退1

3. 兵六进一 将4退1

4. 兵六进一

连将杀，红胜。

第 434 局

着法（红先胜）：

1. 兵五进一！ 将5平4

2. 兵七平六 车5平4

3. 兵六进一

连将杀，红胜。

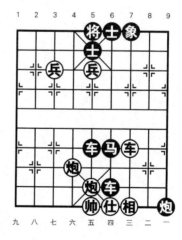

图 434

第435局

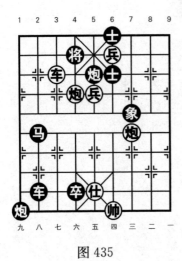

图435

着法(红先胜)：

1. 车七平六！　　将4进1
2. 炮三平六　　　马2退4
3. 前炮平九　　　马4进6
4. 兵五平六

连将杀,红胜。

第十二章 车马双炮

第 436 局

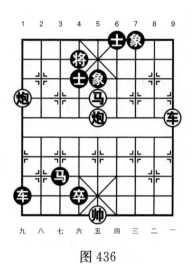

图 436

着法（红先胜）：

1. 炮九平六　　将 4 平 5
2. 马五进三　　将 5 平 6
3. 车一平四

连将杀，红胜。

第 437 局

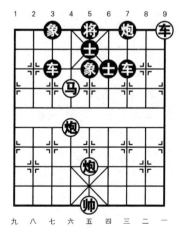

图 437

着法（红先胜）：

1. 车一平三！　车 7 退 2
2. 马六进四　　将 5 平 4
3. 炮五平六

连将杀，红胜。

第438局

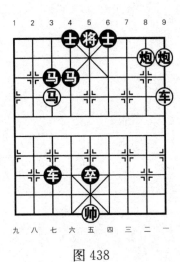

图438

着法(红先胜)：

1. 炮二进一　　将5进1
2. 车一平五　　将5平6
3. 炮二退一　　将6进1
4. 车五进一
连将杀,红胜。

第439局

着法(红先胜)：

1. 车二进三　　将5进1
2. 马一进二　　将5进1
3. 炮三进三　　士6退5
4. 炮一退一
连将杀,红胜。

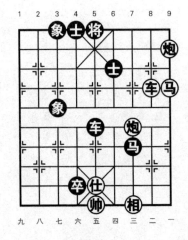

图439

第 440 局

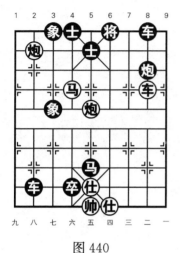

图 440

着法(红先胜):

1. 车二平四　　炮8平6

黑如改走士5进6,红则车四进一,将6平5,马六进七,连将杀,红胜。

2. 车四进一!　　士5进6

3. 炮五平四　　将6平5

4. 马六进七

连将杀,红胜。

第 441 局

着法(红先胜):

1. 马七进五　　士6进5

2. 车二平五　　将5平6

3. 车五进一　　将6进1

4. 车五平四

连将杀,红胜。

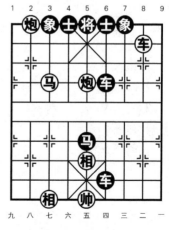

图 441

第 442 局

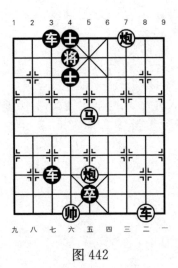

图 442

着法(红先胜)：

1. 车二进八　　士4进5
2. 车二平五　　将4退1
3. 车五进一　　将4进1
4. 马五进四

连将杀,红胜。

第 443 局

着法(红先胜)：

1. 炮六平四　　士5进6
2. 马四进五　　士6退5
3. 车三平四　　将6平5
4. 马五进三

连将杀,红胜。

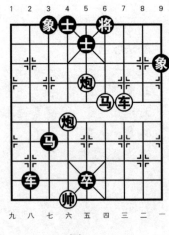

图 443

第 444 局

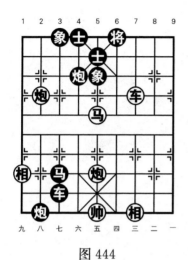

图 444

着法(红先胜)：

1. 车三平四　　　士 5 进 6
2. 车四进一！　　炮 4 平 6
3. 炮八平四　　　炮 6 平 7
4. 马五进四

连将杀,红胜。

第 445 局

着法(红先胜)：

1. 车四平五　　　将 5 平 6
2. 炮三进三　　　将 6 进 1
3. 马七进六

连将杀,红胜。

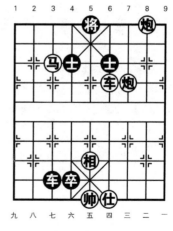

图 445

第 446 局

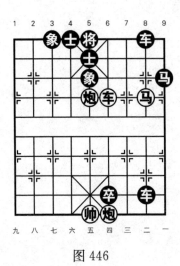

图 446

着法(红先胜)：

1. 马二进四　　将 5 平 6

2. 马四进三　　将 6 平 5

3. 车四进三

连将杀,红胜。

第 447 局

着法(红先胜)：

1. 车四进六　　将 4 进 1

2. 炮三退一　　象 5 进 7

3. 炮五进五

连将杀,红胜。

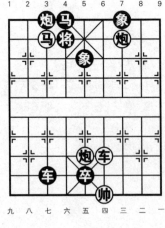

图 447

第 448 局

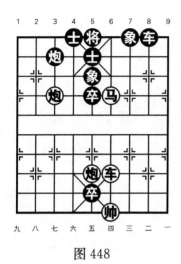

图 448

着法(红先胜)：

1. 马四进三！　炮 3 平 7
2. 炮七进三！　象 5 退 3
3. 车四进七

连将杀,红胜。

第 449 局

着法(红先胜)：

1. 马二进三　　将 5 平 4
2. 马三退五　　将 4 平 5
3. 马五进七　　将 5 平 4
4. 车四平六

连将杀,红胜。

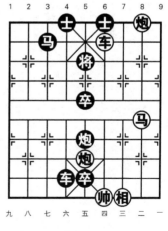

图 449

第 450 局

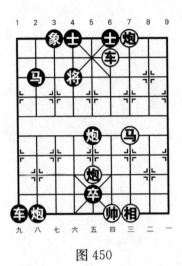

图 450

着法(红先胜)：

1. 马三进五　　将4平5
2. 马五进七　　将5平4
3. 车四平六！　马2退4
4. 马七进八

连将杀,红胜。

第 451 局

着法(红先胜)：

1. 马三退五　　将5平4
2. 车四进一　　士4进5
3. 车四平五　　将4退1
4. 车五平七

连将杀,红胜。

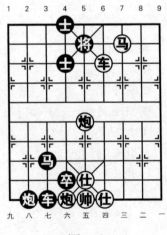

图 451

第 452 局

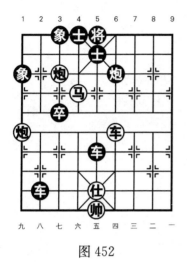

图 452

着法(红先胜)：

1. 马六进七　　将5平6
2. 车四进三！　士5进6
3. 炮九平四　　士6退5
4. 炮七平四

连将杀,红胜。

第 453 局

着法(红先胜)：

1. 炮三进七　　将4进1
2. 车四退四　　士5进4

黑如改走士5进6,红则炮三退一,将4退1,车四平六,连将杀,红胜。

3. 炮三退一　　将4退1
4. 车四进五

连将杀,红胜。

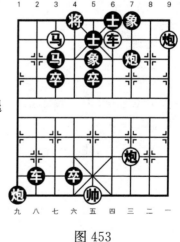

图 453

第 454 局

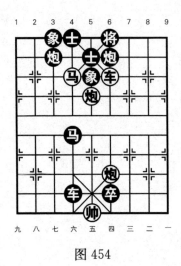

图 454

着法(红先胜)：

1. 车四平五！　　马 4 退 6

2. 炮五平四　　炮 6 平 8

3. 车五平四　　炮 8 平 6

4. 车四进一

连将杀,红胜。

第 455 局

着法(红先胜)：

1. 马五进七　　将 5 平 4

2. 车四进一　　将 4 进 1

3. 马七退六　　车 3 平 4

4. 马六进八

连将杀,红胜。

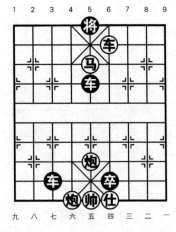

图 455

第 456 局

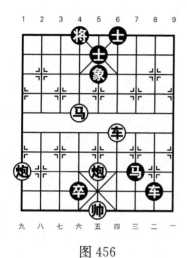

图 456

着法(红先胜)：

1. 车四进五！　　将 4 进 1

2. 炮九平六　　士 5 进 4

3. 车四退一　　将 4 退 1

4. 马六进七

连将杀,红胜。

第 457 局

着法(红先胜)：

1. 车四平六！　　马 2 退 4

2. 马三退五　　将 4 退 1

3. 马五进七　　将 4 退 1

4. 炮八进七　　象 3 进 1

5. 炮九进一

连将杀,红胜。

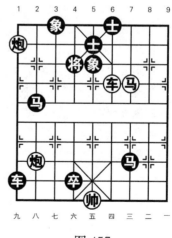

图 457

第 458 局

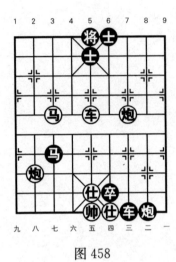

图 458

着法(红先胜)：

1. 马七进六　　将5平4
2. 炮八平六　　马3退4
3. 炮三平六

连将杀，红胜。

第 459 局

着法(红先胜)：

1. 车五平三！　　后车退1
2. 炮七进二　　士5进4
3. 炮九退一　　将6退1
4. 车三进二

连将杀，红胜。

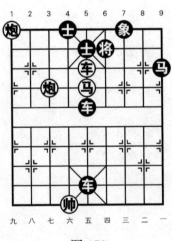

图 459